Rafael Cansinos Assens

LOS JUDÍOS EN SEFARD

EPISODIOS Y SÍMBOLOS

EDICIÓN FACSÍMIL

ARCA EDICIONES, 2025

EDICIONES FACSIMILARES DE LA FUNDACIÓN CANSINOS ASSENS

Los judíos en Sefard
Orden de publicación: 72

Versión 01.01022025

© ARCA EDICIONES, cansinos.com
    FUNDACIÓN ARCHIVO RAFAEL CANSINOS ASSENS
© Herederos de Rafael Cansinos Assens

ISBN: 978-84-15957-39-3
DL: M-5276-2025   *Printed in Spain*

CONTENIDO

En nuestro sitio web, puede encontrar el catálogo de nuestras publicaciones. Algunos de los títulos que imprimimos en estas ediciones facsimilares tienen también edición actualizada en la que se corrigen errores y erratas, además de ofrecer la calidad de impresión de nuestros días. Normalmente, van precedidas de estudios o epílogos. El cuidado de las primeras ediciones de Rafael Cansinos Assens rara vez estuvo bajo su supervisión y dependía del interés que pusiera la editorial en su producción, que la mayor parte de las veces no era la más adecuada, lo que resultaba en textos sin corregir una vez compuestos, tipografías frecuentemente *machacadas* por la reutilización de las matrices, impresión en talleres industriales poco pulcros, etcétera. Por otra parte, la acidez del papel, que lo hace amarillear, la exposición a medio ambientes con humedad, las manipulaciones o el almacenamiento inadecuados, el deterioro químico de las tintas, hacen a veces muy difícil la lectura de estas ediciones.

Las impresiones facsimilares de ARCA intentan en la medida de lo posible superar todos estos problemas con técnicas de digitalización o fotografía, siempre respetando la fidelidad al original para que no haya pérdidas de información. Cuando es posible, hacemos ampliaciones para facilitar la lectura.

cansinos.com

FICHA DESCRIPTIVA BÁSICA

TÍTULO:	*Los judíos en Sefard*
TÍTULO:	*Episodios y símbolos*
AUTOR:	Rafael Cansinos Assens
EDICIÓN:	1.ª
LUGAR DE PUBLICACIÓN:	Buenos Aires
EDITORIAL:	Editorial Israel
FECHA DE PUBLICACIÓN:	1950, 27 de mayo según el colofón
PÁGINAS:	200
DIMENSIONES:	20 cm x 14 cm
CARACTERÍSTICAS ADICIONALES:	Lleva una nota «Al lector» en la p. 7 y un prólogo de César Tiempo, pp. 9-16, con el título «El autor de *Los judíos en Sefard*».
NOTAS:	Encuadernación en rústica semirígida, con guardas. Interior papel offset blanco de unos 90 grs y tapas con una cartulina blanca de unos 400 grs impresa en negro. El primer pliego está impreso a dos colores, con algunos títulos en rojo.

* * *

NOTAS A NUESTRA EDICIÓN:	Los interiores de este título, para facilitar la lectura, se han reproducido al 132% del tamaño original. En las páginas 8 y 9 se puede comprobar el tamaño real y cuál es la disposición y puesta en página de la edición original.

realizado en su aspiración de altura. Y transfundió a su prosa, como él mismo dirá refiriéndose a los personajes de una tragedia clásica, esa pasión española y también semítica que parece unir el fuego de los desiertos abrasados al temple heroico de las espadas castellanas. Posado, *sigue disfrutando de las prerrogativas de la madurez íntimamente persuadido de que los dioses dejan madurar a quienes aman. Uno de los personajes de* Los hermanos Barnabas, *de* Shaw, *sostiene con justa razón que si bien sesenta años es un lapso bastante largo para una sencilla vida de aldea, no lo es para una complicada civilización como la nuestra. Si pudiésemos vivir unos trescientos años, concluye, no seríamos únicamente más viejos, sino más sabios. Cansinos no necesitó tanto, sin embargo, para entrar en posesión de su sabiduría. Este otro soñador del ghetto, a quien Israel Zangwill habría incorporado gustoso a su galería inmortal, tiene apenas tres veces veinte años, y sigue trabajando con el fervor y el humor de un adolescente o, para ser coherentes con el tropo, con el fervor y el humor de tres muchachos de veinte años y la sabiduría de un hombre de mil, pudiendo —bloqueado por la inmortalidad como está— después de la obra que lleva realizada, echarse a descansar plácidamente. Para quienes no lo hayan leído, podrá resultar hiperbólica la afirmación de que el autor de* El divino fracaso *es el primer prosista de la España de todos los tiempos en seguida después de Cervantes. ¡Pero ahí están sus libros, y los libros cantan . . . ! Por una de esas aberraciones acústicas u ópticas a que nos tiene habituados la historia de la literatura, Cansinos no ocupa el lugar que le corresponde por derecho propio en la consideración y la notoriedad internacional del momento, pero si pensamos que Dante necesitó seis siglos y un Fóscolo para ser reconocido como el primer poeta de todos los tiempos, y*

Formato (200 x 140 mm) y disposición tipográfica de la edición original de las páginas pares al 100%. A la derecha, de las páginas impares.

Se van los judíos, mi señora. Al venirme yo de allí, los reyes habían ya rubricado con sus firmas el Decreto de Expulsión. En Palacio hay gran festejo."

La noble señora tenía los ojos arrasados en lágrimas. Con sus finos dedos desgarraba el rico pañuelo recamado. Por sus lindas mejillas, encendidas en un reverberar de ocaso, el llanto formaba largos surcos. Su doncella trataba de consolarla:

—No llore, mi señora.

Y ella también lloraba.

Por toda la ciudad de Sevilla habíase extendido ya la nueva de la expulsión. Había el movimiento desusado de todas las solemnidades. Bajo los soportales de la Plaza Mayor, donde tenía su palacio la duquesa, grupos de gente aplebeyada comentaban el acontecimiento. Frailes sombríos, cubiertos por la cogulla, pasaban escrutadores por entre los grupos y manos villanas asían, para besarlos devotamente, sus largos cordones franciscanos. En muchos balcones principales, los criados habían puesto, como en los días de regocijo, las viejas colgaduras de damasco y los pesados farolones de plata. Las campanas de la Catedral repicaban claras y gozosas y la primavera cruel henchía el aire con el perfume de los hondos y escondidos jardines.

La duquesa tenía el corazón desgarrado. Si los judíos se iban ¿qué sería de Jaim, qué sería de su amor? De sobra conocía su noble corazón, su hidalga y fuerte alma. Nunca sería capaz de abandonar a su pueblo desventurado. Con todo su amor, con todo el suave imperio que ella ejercía sobre él, no había podido conseguir que adorase a Jesús y

El título *Los judíos en Sefard* recoge una serie de narraciones que a excepción de la primera, que se sitúa en el Exilio de 1492, se refieren a la reconstitución de la comunidad judía de Madrid en el primer tercio del siglo XX.

Algunas de las personas que aparecen con nombre en clave son las siguientes:

Benaser: Rafael Cansinos Assens

Doctor Nordseé: Max Nordau

Doctor Salomón: Abraham Yahuda

Senador Florido: senador Ángel Púlido

Don Isaac Farsi: José Farache

Monseñor Sabatay: rabino Sabatay Djaen de Bucarest

León Azenbat: León Azerrat o Ben Krimo

Leopoldo Sauer: banquero Ignacio Bauer

Doctor Heiler: doctor Philiph Hauser

Aarón Salcedo: banquero y anticuario Salzedo

R. CANSINOS ASSENS

Los
Judíos
en
Sefard

EDITORIAL ISRAEL

Cubierta (190 x 125 mm) de la edición original digitalizada al 100%.

COMIENZA AQUÍ LA REPRODUCCIÓN FACSIMILAR con una ampliación del 132%→

[las páginas blancas no tienen contenido en la edición original]

LOS JUDÍOS EN SEFARD

BIBLIOTECA ISRAEL
EDICIONES JUDÍAS EN CASTELLANO

COLECCIÓN SEFARD

VOLUMEN I

R. CANSINOS ASSENS

LOS JUDÍOS EN SEFARD

EPISODIOS Y SÍMBOLOS

ירושלים

1950/5710

AÑO DEL LIBERTADOR GENERAL SAN MARTÍN

EDITORIAL ISRAEL

BUENOS AIRES

AL LECTOR

Con la publicación de este libro inicia la BIBLIOTECA ISRAEL su *Colección Sefard,* que estará formada por obras que traten temas típicamente sefardíes, es decir relacionados con la historia, la vida y los problemas actuales de esa importante rama del gran árbol étnico de Israel que en los difíciles tiempos de la dispersión que ahora gloriosamente terminan fué, por largos momentos, insigne representante del espíritu judío.

Apenas si es necesario explicar la incorporación de esta serie *Sefard* a la BIBLIOTECA ISRAEL. Nombres imperecederos consagran la participación sefardí en todos los órdenes del arte, la filosofía, la política y la ciencia en general. Los sefardíes han influído considerablemente no sólo en la evolución del pensamiento judío, sino también en la del pensamiento universal. Sefardíes fueron Maimónides, Ibn Gabirol, Yehudá ha-Leví, Abraham Ibn Ezra, Spinoza, Mendelssohn, Nordau y muchos más espíritus luminosos de irradiación universal. Hoy día los sefardíes siguen gravitando poderosamente en la vida judía y representan en ella un elemento importantísimo por el número y calidad de sus componentes, un volumen de inteligencia y masa cuyas palpitaciones merecen auscultarse en sus proyecciones literarias prestando la difusión debida a las obras de sus escritores más destacados o dignos de destacarse.

Conforme a ese criterio iniciamos esta colección con la publicación de *Los judíos en Sefard,* conjunto de narraciones cuyo título indica claramente el ambiente sefardí en que sus argumentos se desarrollan. Su autor, el ilustre polígrafo español R. Cansinos Assens, ya conocido del mundo sefardí por sus obras anteriores como *España y los judíos españoles* y *Las luminarias de Hanukah*, recoge en este nuevo libro, absolutamente inédito, interesantes facetas y aspectos de la vida sefardí en España, en ese momento histórico en que la primera guerra mundial hizo afluir a la península un número considerable de refugiados judíos. Esta obra de Cansinos Assens tiene así, además de su interés artístico, un valor de documento histórico. En ella vemos delinearse figuras y caracteres que reflejan los múltiples matices del complejo psicológico sefardí, sus reacciones en la intimidad y ante el medio hostil que los rodea; y vemos reproducirse por modo curioso, en un tiempo actual, los mismos choques y conflictos interiores y con el ambiente que la historia registra en los tiempos remotos de la primera estancia de los judíos en Sefard. Es la vida de una comunidad judía la que el autor nos describe, y en la que se desarrollan todos esos incidentes, unas veces trágicos y otras cómicos, que los escritores de lengua idisch nos han dado a conocer en sus novelas y narraciones relativas a los ambientes aschkenazíes.

Lo dicho basta, creemos, para que tanto el lector sefardí como el de lengua hispana en general se hagan cargo del interés que ha de tener para ellos la obra con que inauguramos esta rama de la BIBLIOTECA ISRAEL, así como de las razones que hemos tenido para elegirla en primer término. Nos ha parecido que lo merecía por sus cualidades literarias y también como homenaje a la alta categoría del autor —por cuyas venas corre, según propia declaración, sangre sefardí— y como obligada correspondencia al amor que nos demostró siempre con sus libros y en sus actos a lo largo de su ya larga vida.

EL AUTOR DE "LOS JUDÍOS EN SEFARD"

Un biólogo insigne señaló alguna vez qué es lo que la vida pone sobre el mero mecanismo material. Pero olvidó añadir —si bien no tenía ninguna obligación de hacerlo— qué es lo que pone el espíritu sobre el mecanismo biológico. Cuenta Henri de Montherlant por su parte que en la tierra de Oc se dice que el rebaño de toros se posa cuando después de haber estado inquieto, nervioso, recobra poco a poco la calma, cuando las bestias dejan de dar vueltas, de perseguirse y vuelven a rumiar. Así se posa la vida. Como los líquidos que dejan caer su sedimento —su poso— al fondo. De ese modo la "Primavera" de Schubert puede ser exactamente igual a la primavera física cuyo dulce advenimiento se anuncia en el crujir de los tamojos. El espíritu también se posa y, más que sobrevivir, pervive. Hasta dialogar con la naturaleza con la misma espontaneidad con que un griego dialoga con las causas. Posarse no es lo mismo que posar. Es crecer por dentro.

Rafael Cansinos Assens, "muy siglo XIX y muy moderno y muy cosmopolita", no tuvo una adolescencia llameante como Chatterton o Rimbaud. Apareció sobre el paisaje de la literatura española de pie como un árbol plenamente realizado en su aspiración de altura. Y transfundió a su prosa, como él mismo dirá refiriéndose a los personajes de una tragedia clásica, esa pasión española y también semítica que parece unir el fuego de los desiertos abrasados al temple heroico de las espadas castellanas. Posado, sigue disfrutando de las prerrogativas de la madurez íntimamente persuadido de que los dioses dejan madurar a quienes aman. Uno de los personajes de Los hermanos Barnabas, de Shaw, sostiene con justa razón que si bien sesenta años es un lapso bastante largo para una sencilla vida de aldea, no lo es para una complicada civilización como la nuestra. Si pudiésemos vivir unos trescientos años, concluye, no seríamos únicamente más viejos, sino más sabios. Cansinos no necesitó tanto, sin embargo, para entrar en posesión de su sabiduría. Este otro soñador del ghetto, a quien Israel Zangwill habría incorporado gustoso a su galería inmortal, tiene apenas tres veces veinte años, y sigue trabajando con el fervor y el humor de un adolescente o, para ser coherentes con el tropo, con el fervor y el humor de tres muchachos de veinte años y la sabiduría de un hombre de mil, pudiendo —bloqueado por la inmortalidad como está— después de la obra que lleva realizada, echarse a descansar plácidamente. Para quienes no lo hayan leído, podrá resultar hiperbólica la afirmación de que el autor de El divino fracaso es el primer prosista de la España de todos los tiempos en seguida después de Cervantes. ¡Pero ahí están sus libros, y los libros cantan...! Por una de esas aberraciones acústicas u ópticas a que nos tiene habituados la historia de la literatura, Cansinos no ocupa el lugar que le corresponde por derecho propio en la consideración y la notoriedad internacional del momento, pero si pensamos que Dante necesitó seis siglos y un Fóscolo para ser reconocido como el primer poeta de todos los tiempos, y

Stendhal cien años y la providencial revelación del oscuro exegeta polaco que encontró sus originales en Grenoble para ser incorporado al panteón de los primeros novelistas de Francia, confiemos en la justicia inmanente de Cronos que sabrá instalar al maestro sevillano entre las cumbres majestuosas y luminosas de la literatura hispánica en condiciones de visibilidad como para ser escalado por los alpinistas de la crítica.

Poeta, novelista, historiógrafo, escoliasta apasionado, Cansinos domina, además, todas las lenguas que habla la humanidad, prodigio que le ha permitido, al margen de su ingente labor personal de creador, traducir y acotar el Schir ha-Schirim, *las obras de Flavio Josefo, Bialik, todo Goethe, todo Dostoiewsky, al poeta persa Ferdusi, a Gorki, a Omar-al Khayan, las* Mil y una noches, *buena parte del Talmud y centenares de títulos más. Vale decir que el hebreo, el persa, el árabe, el alemán, el ruso, el húngaro, el turco, nada digamos de los idiomas corrientes, le son tan familiares como el español, y que en un siglo menos vertiginoso que el nuestro, el autor de* El amor en el Cantar de los Cantares *sería admirado y reconocido como un Pico de la Mirándola, un Maimónides o un Pascal. Lo extraordinario del caso es que el mismo Cansinos rechaza todo contacto con la erudición profesional, pues él no quiere ser considerado un comején ubicuo, una maravillosa rata de biblioteca, sino un poeta cuya rosa de los vientos se abre a todos los rumbos.*

Alto y sólido como una columna toscana, Cansinos ha cambiado su antigua casa del barrio de la Morería, aledaña al Viaducto sobre el que prestidigitó tantas imágenes imborrables, por un departamento de la avenida Menéndez y Pelayo, de Madrid, instalado de espaldas a unos despoblados sobre los que el cielo afina su electricidad criselefanti-

na y se abre en toda su amplitud, como a él le gusta verlo sobre su cabeza de pastor sefardí. El novelista de El madrigal infinito, de Las luminarias de Hanukah, de La madona del carrousel, de El movimiento V. P., de La huelga de los poetas; el crítico de La nueva literatura, el exegeta de Los judíos del éxodo, Los judíos en la literatura española y Los judíos en Sefard, que el lector tiene ante sus ojos; el autor de tantos libros memorables e impares, trabaja con la tenacidad y la fiebre de un iluminado. Pero ama también el diálogo vivo, la amistad peripatética, la tertulia cordial, donde se le escucha como a un antiguo rabí iluminado de picardía y de sabiduría, gratos al vaivén de sus imágenes inagotables, cuya poesía participa de la gracia, cuya gracia participa de la poesía. Él mismo nos irá señalando los hitos de su biografía, que nosotros recogemos como los borradores de un retrato que algún día pintaremos con calma.

—Mi biografía —anota Cansinos con su voz afelpada, en la que se remansan las palabras cruzadas de inesperados relámpagos matinales como en un cielo de montaña—, mi biografía —insiste— se reduce a unos cuantos instantes de exaltación espiritual. Una infancia triste, ensombrecida por lutos prematuros y llena del orgullo melancólico de decaídos esplendores. Unos estudios truncados y el viaje a Madrid con una madre y dos hermanas vestidas de negro. Después, en la inactividad forzosa del adolescente, para cuya magnífica inutilidad no se encuentra espacio en la vida, las lecturas, los bellos sueños, las divinas y absortas melancolías, los paseos solitarios y, por último, los primeros versos —versos, ¡sí!— escritos a escondidas, y que, descubiertos por una madre, provocan en ella un dolor mezclado de orgullo. Desde el primer momento, una gran pasión por todo lo nuevo, raro y exquisito. En mi soledad ignorada, *yo era ya un hermano de aquellos poetas nuevos sobre los que lanzaban el anatema los clásicos y que no había de conocer sino más tarde: Villaespesa, Machado, Jiménez, Darío... Desde el primer momento, una gran rebeldía, un gran amor a todo lo proscripto, un ansia retadora de sambenitos y martirios, que no se ha entibiado después. Fuí un joven con la psicología de 1900. Modernista entonces y ultraísta después, en espera de toda palabra nueva que nos evite repetir una antigua. Temperamentalmente enemigo de tradiciones y clasicismos —clásicos son los que repiten y forman cortejos— he tratado siempre de evadirme de mi sombra de ayer, borrándola todas las mañanas. En mi obra literaria he tratado de decir mi mensaje, el que ningún otro podría decir por mí, y en mi labor de crítica he reservado toda mi atención para las estrellas matutinas, prefiriéndolas a los soles meridianos, y he lanzado mi grito de gozoso dolor siempre que una nueva belleza me ha herido, sin callarme con ese sórdido egoísmo de otros. No he esperado a que el talento tuviera mayoría de edad para proclamarlo, pues hay que ser generoso de tiempo. En este sentido me cabe la alegría de haber apresurado las horas enarbolando la bandera del ultra a la entrada de mi Viaducto, que se convirtió en una pista de trenes desbocados. He cambiado el carro de Ezequiel por un Buick 1949...*

—Añada usted a esto —prosigue el autor de Oro y verde en las letras de Hispanoamérica— *mis amistades públicas con las gentes de Israel, que me han valido un anatema honroso y que yo considero una de las cosas más puras y bellas de mi vida. Me enorgullezco de haber escrito libros que pueden haber contribuido a que sea mejor conocida y estimada entre nosotros el alma de una raza de mártires y de poetas, que ha dado al mundo tan grandes figuras y sigue dándoselas con fecundidad inagotable, co-*

mo si toda ella fuera una élite. Con el Edicto de Expulsión
de 1490, desaparecen los judíos de España y de su literatura, que está en vísperas de cuajar en los dos grandes gé-
neros que la han hecho famosa: la novela y el teatro. El
judío que hasta entonces fué figura episódica en poemas
y narraciones, perderá toda opción a la calidad de protago-
nista y la literatura española perderá también la oportuni-
dad de incorporarse ese elemento étnico que enriquecería
la variedad de su elenco humano. El judío desaparece, se
borra en la conciencia de los españoles y sólo asomará alguna que otra vez en su literatura como figura de leyenda
o vestida con los arreos históricos. Así aparece por ejemplo
en el drama de Lope de Vega titulado Las paces de los Reyes y la judía de Toledo al que sirven de argumento las
disensiones suscitadas entre el rey Alfonso VIII y sus vasa-
llos, con motivo de sus amores con la hermosa Raquel. Pero
el judío histórico y el judío de la leyenda pasaron también.
El arte español no disponía de modelos vivos y actuales,
porque no existían en la vida española. El judío sefardí no
había sido aún descubierto y si desde las próximas costas
marroquíes se corría alguna vez a la península, con fines
de tráfico o a impulsos de la nostalgia, hacíalo al amparo
de un equívoco que lo confundía con el moro, si usaba
indumentaria oriental, o cual correcto europeo, disfrazado
con un pasaporte francés o británico. En la Sevilla donde
nació Gustavo Becquer había ya por aquella época una
comunidad sefardí radicada en el populoso barrio de las
Lumbreras, cuyos miembros se dedicaban en su mayor
parte al comercio en frutas mograbíes —dátiles, cocos,
babuchas— que expendían los más humildes, por las calles
de la ciudad. Pero Becquer murió hace ochenta años y los
judíos que conoció en Sevilla y en Madrid no son los mismos que conocí yo en las mismas ciudades. Podrá verlos

usted, si mis retratos no aparecen velados, en la galería de Los judíos en Sefard *cuyas primicias reservo para ese simpático y generoso piquete de sefardíes de la Argentina que prolongan a través del océano el amor por sus iguales en Israel, un amor que no participa de fanatismos ni intransigencias porque se enciende nostálgico sobre las aras, solamente para celebrar el triunfo del espíritu, la reconquista de los sueños cantados y acariciados por sus hermanos desterrados un día inicuamente de España por la espada de los inquisidores. (Gracias a ese destierro, digamos de paso, pudo Colón descubrir un Nuevo Mundo y Sefard afincarse en América...) Cuento, además, entre mis mejores obras* Las luminarias de Hanukah, *y mi antología* Las bellezas del Talmud, *y me enorgullezco de haber dado a conocer, el primero, en mis* Cuentos judíos contemporáneos, *cortes fragmentarios, pero fulgentes, de la obra extraordinaria de escritores como Herzl, Schalom Asch, Pinsky, Zangwill y Peretz, cuya labor total merecía el honor de esas traducciones que tan locamente se prodigan. Actualmente busco editor para una exposición del movimiento jasidista polaco, de ese curioso franciscanismo judío que produjo santos tan admirables y una tan rica y humana literatura. Se trata de revelaciones urgentes que, sin embargo, no encuentran el medio material que las llevaría al público. Por lo demás, aunque sea fragmentariamente, en revistas literarias, como un corazón partido, llegarán a su fin.*

—*México o el Río de la Plata, querido Cansinos* —le interrumpimos—, *concederán, estamos seguros, la acústica necesaria al mensaje que usted nos brinda tan generosamente. Ni América puede olvidar a la Madre Patria ni Sión a Sefard.*

Cansinos sonríe y echa a rodar su mirada por el azul inacabable. Aprovechamos la pausa para interrogarle, en

líneas generales, acerca de sus ideas políticas. Nos contesta
sin reatos, como hombre que ha madurado largamente su
pensamiento.

—Para definirme del todo, deberé acaso añadir que mi
ideología general es acorde con mi estética. Pienso que las
instituciones tan anacrónicas como la oda, la silva y el so-
neto, que coronas y tiaras, son objetos para anticuarios.
En lo social, estoy también con las vanguardias; creo que
hay que tener el valor de poner epitafios definitivos sobre
muchas ruinas, todo lo dorados que se quiera, pero definitivos, y de abrir grandes vías al porvenir. Pienso que
se debe amar la belleza e imponerla en la vida, pero no a
costa de ningún dolor, y que se debe estar pronto a sa-
crificarla por el bienestar de la criatura más humilde. No
creo que el genio excepcional deba pagarse al precio one-
roso del dolor de las muchedumbres; sueño con un futuro
en que las masas vivan alegres en un mundo equitativo,
moral y armónico, donde el arte surja espontáneo y natural y el genio no tenga ya ese gesto feroz de monstruo
acorralado que forzosamente ha de ser hoy el suyo ante
unas muchedumbres incapaces de comprenderlo y que, aten-
tas a la conquista de lo más necesario, miran con un recelo
comprensible al soñador...

La tarde se ha desangrado. La luna, codo de Dios, se
apoya en la balaustrada celeste. Cansinos echa a andar, de
regreso a su Tebaida florida. Sólo nosotros sabemos que
cuando España reconozca a Israel, Rafael Cansinos Assens,
apocrisiario y ministro plenipotenciario por derecho propio
de Israel en España en el presente, será por derecho propio
e irrevocable, también, embajador de España en Israel. Ninguno con más títulos.

CÉSAR TIEMPO

Barcelona, abril de 1950.

EL ÉXODO

SENTADA en su escabel estaba doña Delia, cuando la doncella, ansiosamente esperada, cumplida su misión, retornaba al estrado de su señora.

—¿Qué nuevas me traes, Mari-Rosa? ¿Traes alegrías o penas para mi corazón?

La noble señora se había puesto de pie. Sobre la alfombra blasonada del aposento caía la larga cola de su traje. Su figura, nerviosamente contraída, hundíase borrosa en la luna del gran espejo, rematado en corona ducal.

La mensajera traía tristeza en los ojos y en el semblante. De pie a la puerta de la cámara, pálida y anhelante, no se atrevía a hablar. La duquesa le había cogido las manos y la interrogaba:

—Dime qué has sabido. Cuéntamelo todo, bueno o malo, será mejor que esta angustia para mi corazón.

La doncella habló por fin. La voz se le apagaba entre sollozos. Refirió primero a su señora cómo a título de enviada suya había logrado penetrar en Palacio y deslizádose sigilosa hasta la regia cámara. Cerrada estaba la puerta y bien guardada por alabarderos de lanzas agudas. Pero ella, guiada por una azafata amiga suya, había podido atisbar por una mirilla excusada y ver y oír lo que pasaba en su interior. Estaban allí reunidos los reyes con todo su consejo y deliberaban sobre lo que procedía hacer con los judíos contumaces, después de promulgado el cruel Edicto de Expulsión.

—En el momento de acercarme yo a espiar —prosiguió la doncella— estaba hablando Abrabanel, el ministro, y abogaba ante los reyes en favor de su raza. Con su alta figura y su barba luenga y albeante, parecía un santo profeta de los antiguos tiempos. Había en sus negros ojos tanta majestad, que a su lado Fernando no parecía un rey y él solo parecía el único señor, grande y soberano, que haya gobernado en la tierra. Su voz sonaba recia y alta, y a su trueno Fernando e Isabel bajaban la cabeza en señal de vasallaje. ¡No en balde dicen que desciende del rey David, el ungido por el mismo Dios!

"En conclusión; todo parecía arreglado, mi señora. Los judíos se quedarían en España mediante un fuerte tributo, saliendo Abrabanel fiador por ellos ante los reyes. Cuando he aquí que Torquemada, el fiero y sanguinario Inquisidor, entró violentamente en la cámara. Con sus ojos llameantes y su crespa barbaza, tenía algo de felino. A mí, no obstante estar segura, me dió miedo, mi señora. Traía un crucifijo de marfil bajo la manga del hábito y al sacarlo, parecía que sacaba un puñal. De un salto fuése hasta el trono y poniendo el crucifijo a los pies de la reina, gritó con voz tremenda y cavernosa, propia de un bandolero de caminos: 'Judas vendió a Jesús por treinta dineros; los reyes de España lo venden hoy también a los mismos que lo crucificaron'.

"Aquellas palabras fueron decisivas. Abrabanel retiróse acto seguido de la cámara. Iba tan sereno y tranquilo que yo sentí impulsos de seguirle para besar la orla de su manto.

Se van los judíos, mi señora. Al venirme yo de allí, los reyes habían ya rubricado con sus firmas el Decreto de Expulsión. En Palacio hay gran festejo."

La noble señora tenía los ojos arrasados en lágrimas. Con sus finos dedos desgarraba el rico pañuelo recamado. Por sus lindas mejillas, encendidas en un reverberar de ocaso, el llanto formaba largos surcos. Su doncella trataba de consolarla:

—No llore, mi señora.

Y ella también lloraba.

Por toda la ciudad de Sevilla habíase extendido ya la nueva de la expulsión. Había el movimiento desusado de todas las solemnidades. Bajo los soportales de la Plaza Mayor, donde tenía su palacio la duquesa, grupos de gente aplebeyada comentaban el acontecimiento. Frailes sombríos, cubiertos por la cogulla, pasaban escrutadores por entre los grupos y manos villanas asían, para besarlos devotamente, sus largos cordones franciscanos. En muchos balcones principales, los criados habían puesto, como en los días de regocijo, las viejas colgaduras de damasco y los pesados farolones de plata. Las campanas de la Catedral repicaban claras y gozosas y la primavera cruel henchía el aire con el perfume de los hondos y escondidos jardines.

La duquesa tenía el corazón desgarrado. Si los judíos se iban ¿qué sería de Jaim, qué sería de su amor? De sobra conocía su noble corazón, su hidalga y fuerte alma. Nunca sería capaz de abandonar a su pueblo desventurado. Con todo su amor, con todo el suave imperio que ella ejercía sobre él, no había podido conseguir que adorase a Jesús y se uniese a ella en la fe como ya lo estaba en la ternura. Judío seguía siendo, creyente insobornable en las viejas verdades mosaicas. Para él eran sagrados sábados y lunas. Y era ella, la ferviente cristiana, la que había llegado a vacilar en su fe, rendida al encanto de su palabra persuasiva, salida de la misma boca que los besos que la embriagaban.

¿Qué sería ahora de su Jaim?

—¡Pronto, Mari-Rosa!

Sobre la fina vitela su nerviosa mano fué escribiendo su pena con la tinta roja del hondo tintero talaverano. La larga misiva terminaba con esta imploración:

"Por lo que más estimas, y por lo que yo más estimo, por Jesús y por Moisés, no dejes de venir a consolar a esta triste Delia."

Mari-Rosa llevó a toda prisa la misiva. Y Mari-Rosa volvió sola y desencantada.

—¿Qué te dijo, Mari-Rosa? ¿Te dió alguna carta para mí? ¿Vendrá?...

Y Mari-Rosa respondió con una voz cansada, muerta.

—También éstas son malas nuevas, mi señora. Fuí a su casa y hallélo rodeado de graves personajes. Todos tenían palidez en los rostros y pena y silencio en los labios. Parecía el duelo por una persona alta y amada.

"Yo me llegué hasta él. —Don Jaim, soy enviada de mi señora doña Delia—. Y tirándole de la manga del justillo, díjele quedo: —Carta de mi señora.

"Él se apartó un poco, rompió los sellos del escrito, púsose a leerlo ávidamente y yo le vi palidecer y enrojecer, vez a vez como una llama. Si los hombres llorasen, a buen seguro que él hubiese llorado, porque los labios le temblaban, rebosantes de angustia. Durante un momento no pudo hablar. Luego serenóse y me dijo:

"Dí a tu señora y mía, que la mala ventura no quiere que la vea hoy. Partimos dentro de esta luna y es preciso cuidar de las cosas de nuestro pueblo.

"Había tanto duelo en la casa, que yo no me atreví a insistir con cuitas de amor. Sólo le dije: —¿Iréis?

"Sí —me contestó él—. Antes de la partida."

La noble señora no se sorprendió demasiado, porque conocía el temple de su espíritu. Con sus finos dedos rasgó su traje de brocado y soltó su cabello como un negro velo de luto sobre su espalda. Durante tres días y tres noches, su llanto resonó en la casona.

El día de la partida se acercaba. Inútiles habían sido todos los esfuerzos de Delia por ver a Jaim. Llegó hasta disfrazarse de pobre hebrea para lograr gracia ante sus ojos. Pero ni aún así pudo verlo. Jaim, por su parte, ocultaba su pena. Sereno y sonriente, la plebe judía que venía a consultarlo hallábalo siempre propicio y afable. Pero su corazón estaba desgarrado de amargura. El plazo concedido para el éxodo había sido muy breve. Hubieron los proscriptos de vender a cualquier precio sus casas y sus huertos, que les habían hecho amados las vidas de los abuelos, muertos en dulce memoria. Casa hubo que se dió por un trozo de paño. Hacían aprisa almoneda de todo, pues les estaba prohibido sacar del reino más de lo que pudieran llevar sobre sus cuerpos cansados. Tampoco podían llevar

oro ni plata más de lo que pudieran esconder entre los plie-
gues de sus túnicas. Los frailes cristianos andaban entre ellos
a la husma de conversiones y había almas tan débiles y
tiernas que, por no abandonar la tierra de sus padres, se
rendían a los sicarios de Jesús. Y los rabíes, los dulces príncipes del destierro, no descansaban un momento, fortale-
ciendo a las almas en la antigua fe, para que no desma-
yasen y se mantuviesen firmes hasta el día feliz anunciado por los profetas.

En el amplio estrado señorial, los dos amantes departían,
agitados

—¡Jaim, no te vayas, por tu Dios, no me dejes sola!
—decía la noble dama, anegada en llanto.

—No tengo más remedio, Delia, que seguir a mi pueblo.

—Deja a ese pueblo terco y obstinado que se pierda.

—Yo debo perderme con él.

—La reina me ha prometido darte carta de nobleza y
ser madrina de nuestra boda, si reconoces como Dios a
Jesús de Nazaret. El arzobispo D. Ferrando te bautizaría.

—Yo no puedo reconocer otro Dios que Adonay, el único,
el Dios de nuestros padres, que nos manda ahora estas amarguras, pero que guarda el fin de los tiempos para la estirpe
de Jacob. Cuanto a cartas de nobleza, téngome por más
noble que todos los monarcas de la cristiandad que no
existían aún cuando ya reinaba David, de quien desciendo,
y más que todos los reinos de este mundo estimo el título de Príncipe de la Cautividad, que me dieron los sabios
de mi raza.

—¿Y mi amor? ¿Y nuestro amor? —clamó la duquesa,
exaltada.

—Sígueme... Sígueme a través de los desiertos del éxodo. Camina bajo mi misma estrella. Déjate guiar por la columna de fuego de Adonay...

—No puedo, Jaim, no puedo. Reconozco que soy débil. ¡Pero tú que eres fuerte, ten piedad de mí!...

La noble dama había caído a los pies de Jaim. Loca, delirante, se abrazaba a sus rodillas como una sierva. Jaim vaciló un instante ante aquel espectáculo de belleza humillada.

Pero el balcón de la señorial estancia estaba abierto y por él pudo ver Jaim, al girar indeciso los ojos, el lento desfilar de la larga y triste caravana que se aprestaba al destierro. La plebe nazarena guardaba silencio ante aquella inacabable procesión de desventurados. Los viejos rabíes cantaban salmos de esperanza para fortalecer los corazones y manos austeras tañían panderos como en días de júbilo, para ahuyentar la pena. De lo hondo de la plaza subía un vocerío triste.

Dentro de la estancia, la voz también plañente de una mujer amada, bella y joven, repetía como un arrullo:

—Quédate, Jaim, quédate. ¡No me dejes sola!

Pero Jaim no vacilaba ya. Había oído la llamada de su pueblo y no faltaría a aquella cita de dolor.

Por un instante todavía brindó una posibilidad de unión a la mujer:

—¡Sígueme!

Pero ella, que se había erguido, en vez de obedecerle pugnaba por retenerle con falaces arrumacos de hembra. Sus pechos palpitaban visibles en el desabrochado justillo. Sus labios rojos pugnaban por alcanzar agresivos su boca y sellársela con la púrpura irresistible. Sus sueltos cabellos pretendían velarle los ojos, para que no la viera sino a ella y no viese a su pueblo mísero que en la fealdad de sus harapos valía más que toda su belleza.

Con un supremo esfuerzo, Jaim desasióse de aquel abrazo mortal y lleno de horror y desdén, loco, dió un fuerte empellón a la duquesa que fué a caer desgreñada y casi desnuda a los pies de un Cristo de marfil. Todavía, tendiendo los brazos sobre la alfombra blasonada, reptó hasta él.

Pero Jaim, de un salto ganó la escalera, cruzó rápido el patio y el zaguán y fué a unirse con la caravana de proscriptos que aún no se había perdido en los confines de la plaza. "¡Adonay Elohenu!" —cantaban los rabíes, tañendo panderos y sonajas. Y todo el pueblo hebreo les contestaba en unánime coro. Y la pena de los corazones, tan plenamente compartida, era casi un júbilo. Y desde luego más festiva que una gran alegría solitaria.

Desde el balcón de su palacio, la duquesa Delia vió partir a los exilados para siempre de las tierras de España. Entre ellos, firme y arrogante, iba Jaim. Poníase el sol y viendo alejarse en la gloria de su lumbre al único amor de su vida, sentía doña Delia que aquel era el ocaso de su juventud y que en adelante estaría ya siempre sola y triste en medio de su esplendor, como también lo había de estar España...

¡J U D Í O !

DE cuando en cuando el noble caballero sefardí D. Isaac Farsi, asentado hacía poco en la tierra de sus mayores, recibía cartas dirigidas a su nombre, que sin embargo no estaban destinadas a él sino a un personaje desconocido, con el que una rara coincidencia de nombres daba lugar a confusiones enojosas para ambos. Porque otras veces era el desconocido quien devolvía por medio del cartero misivas dirigidas al sefardí e incluídas por error entre las suyas. Desde un principio, aquella coincidencia había excitado la curiosidad del descendiente de los patriarcas, infundiéndole un vago deseo de conocer a aquel homónimo suyo, vástago sin duda de la rama conversa de su familia. ¿Cómo sería aquel otro D. Isaac Farsi, al que la suerte parecía tratar de aproximarlo con aquel trueque de cartas? ¿Se le parecería también en lo físico como se le parecía en el nombre? ¿Tendría su mismo color pálido, sus ojos ardientes, su nariz de semita auténtico? Y sobre todo ¿conservaría algún recuerdo del origen judío de sus antepasados?

Más de una vez el sefardí había sonreído a la idea de una entrevista personal con aquel pariente desconocido. Aquélla sería su aventura más original en España, en esta

Sefard de sus mayores adonde viniera atraído por nostalgias irresistibles. ¿Por qué él que había ido a asomarse a todas las ruinas hebreas de la península, en un ansia misteriosa de hallar vestigios de su estirpe, no iría a mirarse en el rostro de aquel pariente indudable...? ¿No valía la emoción de ese recuerdo, el peligro de una posible repulsa?

Y un día, con ocasión de una nueva carta equivocada, el señor Farsi dirigióse resueltamente a casa de su homónimo cristiano. No obstante aquella costumbre de impasibilidad que había adquirido en su trato con los hombres de negocios de Inglaterra, su temperamento efusivo de meridional lo hacía sensible a una honda emoción al subir las escaleras de aquella casa madrileña de apariencia vetusta, situada en una calle sin duda consagrada por alguna leyenda. Pero su emoción culminó cuando llegando al segundo piso, distinguió sobre el fondo oscuro de la puerta una plancha de metal con una imagen del Corazón de Jesús, ardiendo en simbólico auto de fe. Un momento sintió el impulso de retirarse; pero luego, aquel signo católico avivó precisamente su audacia, como despertando en él con sus llamas latentes posibilidades de mártir. Y con gesto enérgico tiró de la campanilla.

Alguien atisbó con larga cautela por el ventanillo y le interrogó, invisible. Luego hubo un chirriar de cerrojos, una invitación a pasar y un ruego de espera, en un pasillo lóbrego. Hasta que por fin, un "Pase usted... ¡El Padre está en su despacho!..."

¡El Padre!... Un sacerdote, efectivamente, vistiendo negra sotana, calado el solideo, con los lentes sobre la nariz, irguiéndose autoritario y receloso de entre un montón de libros latinos, fríamente inquisitivo, inquisidor más bien, aunque queriendo aparecer risueño y mundano. Y en el fondo de sus ojos negros y en toda la magra figura morena, esa expresión de cansancio, de tristeza que, a veces, se reprendía a sí mismo el sefardí en los espejos y que era como un bostezo de siglos.

Mientras indicaba un asiento al visitante, recibía de sus manos la carta equivocada y escuchaba sus explicaciones, el presbítero murmuraba sonriente: —Sí, verdaderamente es raro... Se trata de un apellido poco frecuente... —Y explicaba a su vez: —Apellido muy antiguo... y noble... de origen provenzal... ¿acaso usted?

El sefardí apresuróse a declarar: —Yo soy súbdito inglés... pero oriundo de España...

Luego aludió a sus negocios, a sus viajes por toda Europa, a sus amistades ilustres... Lord Rosebery... Mr. Balfour... nombres que la prensa había hecho familiares a todo el mundo... —Agregó: —Ahora había venido a España, por conocer el sol de sus mayores...

Poco a poco, el presbítero deponía su recelo. Se animaba.

—Pues ya ve usted qué coincidencia... Seguro que somos parientes... No cabe duda... Recuerdo ahora haber oído hablar en mi casa de esa rama de la familia que emigró en tiempos remotos...

El sefardí le dejaba hablar, en tanto esparcía la vista por la habitación, llena de antiguos lienzos religiosos, aromados de olores clericales. Una extraña impresión se apoderaba de él y lo inmovilizaba en el sillón, bajo el arrullo de aquella voz eclesiástica, insinuante y melosa. El otro repetía benévolo, halagador: —Seguramente somos parientes... El apellido Farsi es muy raro.

El sefardí lo miraba ahora con una expresión irónica. Sentíase misteriosamente vejado por aquel tono de condescendencia con que le hablaba aquel descendiente de conversos, que parecía hacerle un favor con admitirlo en su familia, en su raza de apóstatas, a él que descendía de un linaje de mártires. Revolvióse en su asiento con esa inquietud precursora de sus crisis nerviosas. Sentíase mal en aquel ambiente que le recordaba tragedias seculares. Se imaginaba a aquel Farsi convertido por miedo, acompañando con la cruz al suplicio a otros Farsis que serían fieles a su fe y a su raza... Y de pronto, con un arranque súbito se puso de pie. ¿Qué iba a decir?

Pero, no. Acalló sus gritos. Se dominó. Asomó a sus labios una sonrisa irónica, supremo triunfo sobre sus nervios. Y habló.

—Encantado de haberlo conocido... Pero debo retirarme... Estamos ya en la tarde del viernes... empieza el sábado para mí... y ha de saber usted que soy judío...

—¡Judío! —exclamó el eclesiástico, confuso.

—Sí... los Farsi de Inglaterra son judíos... Emigraron huyendo de la Inquisición... ¿no lo sabía usted?

Y ante el asombro del otro, añadió: —Pero eso no importa... Los Farsi, usted lo ha dicho, todos son unos... ¡Conque, hasta otro rato, querido... pariente!

Y el Sr. Farsi, el sefardí, saludó con exquisita cortesía, pero reservando su mano, al sacerdote atónito, que balbucía palabras inconexas de contrición o de exorcismo.

EL DOLOR JUDÍO

CAMINANDO el Sr. Farsi en compañía de un hermano de raza por cierta calle madrileña donde había una capilla con un Cristo en la cruz, visible al través de las rejas de hierro, como un ejecutado insepulto, al pasar por allí se detuvo y se quitó con gran solemnidad el sombrero, haciendo al mismo tiempo una reverencia.

—¡Cómo! ¿Adoras a los ídolos? ¿Te has contaminado de la superstición de los *góyim*? —reprochóle el amigo consternado.

El señor Farsi gustaba de suscitar esos asombros, y complacido ante el que ahora provocaba en su acompañante, se irguió enfático y aclaró:

—Saludo al dolor judío.

El peregrino en Sefard miróle aún con más asombro:

—¡El dolor judío! ¡Desde luego, el Cristo era judío! Pero los nazarenos lo adoran como Dios y eso en nuestra ley es idolatría.

El Sr. Farsi sonrió entonces, y benévolo, dijo:

—Amigo mío, hablas así porque ignoras la historia de ese Cristo. Cuando la conozcas, comprenderás la razón de mi saludo. Has de saber que ése es el Cristo que llaman de la

Paciencia y dió lugar en pleno siglo XVIII a uno de los autos de fe que, todavía en esa época, hubo en esta venturo· sa Sefard.

"Cuentan que ese Cristo había caído en poder de unos judíos —como tú y como yo, negros, con narices de cuervo y con rabo diabólico—, los cuales, no bien llegaba la noche y cerraban las puertas de su comercio, se dedicaban a la tarea, muy propia de tales judíos, de martirizar al Cristo, renovando en él los tormentos de la pasión. Padre, madre e hijo —pues constituían una familia— aporreaban por turno a la escultura, convertida en *punching-ball,* le dirigían toda clase de insultos, le sacaban la lengua y hacían intención de crucificarlo de nuevo.

"El Cristo sufría con paciencia todos estos martirios —de ahí su nombre— con los brazos clavados en la cruz, incapaz para defenderse; pero a veces su carne llagada se dolía por la violencia de los golpes. Y diz que los vecinos de la casa judía empezaron a oír en el silencio de las noches —aquellas noches antiguas, sin autos, hondas como abismos—, unos lamentos misteriosos, largos y lastimeros que no los dejaban dormir. Y entre esos lamentos, parece que de vez en cuando, oían distintamente estas palabras: '¿Por qué me maltratáis así?'

"Inquietos los vecinos, comentaron el origen de aquellos lamentos misteriosos, hasta que finalmente comunicaron lo que sucedía a la ronda de corchetes que recorría por las noches las calles de la ciudad. Y los corchetes entraron en la casa una noche y sorprendieron a los sacrílegos en pleno oficio de sayones, ensañándose con el Cristo indefenso. No hay que decir que los llevaron presos a todos y que del caso dieron conocimiento inmediato a la Inquisición. La cual apeló en seguida a sus procedimientos infalibles para arrancar a los culpables la confesión de sus delitos. El potro, las cuñas, las poleas, el embudo, todo lo sufrieron aquellos sacrílegos contumaces, tan contumaces que no querían confesar sus culpas evidentes. Según parece fué el hijo el que denunció a sus padres, gracias al horror que en su alma tierna lograron despertar los inquisidores.

"Y así nuestros judíos fueron condenados a arder en la hoguera, simple anticipación del fuego eterno, vestidos con el sambenito y la corona que proclamaba su infamia, mientras el santo Cristo era desagraviado con solemnes cultos.

"Más adelante, el Marqués de Mondejar que tenía unas caballerizas en este mismo lugar, mandó retirar de aquí sus caballos y edificar esta ermita para albergar en ella al Cristo milagroso. Y aquí tienes hoy aún, al cabo de cerca de dos siglos, a ese legendario Cristo de la Paciencia, que sufrió realmente pasión en esta tierra de Sefard, por manos de judíos. Job crucificado, que en pleno siglo XVIII renovó el prodigio del Niño de la Guardia, poniendo de manifiesto la gravedad de la raza deicida. Como ves, nunca le falta quien le rece — e indicaba a unos hombres y a unas mujeres que oraban asidos a la verja— ni quien unja sus pies con aromas como la Magdalena, pues en su cruz hay prendidos ex-votos y varas de nardos y cirios iluminan perennes su cuerpo denegrido.

"Ahí está, perpetuando una época de fervor fanático, en este tiempo de 'autos' librepensadores. Y casi todos los que pasan se santiguan. También yo, como has visto, me descubro reverente. Sólo que yo saludo en ese Cristo un monumento al dolor de nuestra raza; saludo en él la única religión de aquellos mártires nuestros cuyas cenizas disiparía el viento de la noche del día de su tortura. Y pienso que si ese Cristo pudiera hablar como dicen que habló aquella vez, me diría: —Perdona, hermano, a estas gentes —y a ellos: — ¿Por qué me calumnian así?

"Ahora no extrañes que al pasar por este sitio me descubra..."

Calló el Sr. Farsi. Y su amigo, el peregrino sefardí, le dijo con voz trémula:

—¡Vámonos de aquí, hermano! Me siento mal...

Había visto en un momento, en la faz de aquel Cristo, el semblante adusto de la antigua España.

EN AQUEL TIEMPO...

En aquel tiempo en que yo vine a España —contaba el señor Farsi—, cuando era peligroso o por lo menos bastante indiscreto mencionar el nombre de judío, la vida de los pocos que componíamos la comunidad tenía un encanto romántico, novelesco, aparte de un mayor fervor de fraternidad, pues nos estrechábamos tanto unos con otros cual si habitásemos en las antiguas juderías. El amor es calor y se siente más en un espacio reducido. Pero yo quiero hablar ahora especialmente de ese encanto romántico, que digo. Era una vida romántica porque era misteriosa. No teníamos sinagoga oficial ni figurábamos para nada como judíos, sino como ingleses, alemanes, franceses o italianos. Nos reuníamos secretamente para celebrar nuestras fiestas en casa del viejo Salzedo, el banquero, que ya era viejo cuando yo le visité por vez primera. Y parecía como si estuviéramos aún en los tiempos inquisitoriales y de un momento a otro pudieran llamar a la puerta, para sorprendernos en nuestro rito.

Era un momento interesante y emocionador aquel en que al reunirnos en el sótano de la Banca, para estar más a cubierto de intrusiones, nos cubríamos con nuestros *taletim* y abríamos nuestros libros de rezos, como si abriéramos nuestra alma cerrada de judíos. Nos convertíamos en otros, nos transfigurábamos. Son esas emociones delicadas, exquisitas, que el profano no puede comprender. Allí estábamos por un momento en Sión, en nuestra patria, hablábamos hebreo, la lengua santa, y practicábamos un rito milenario. Cuando después de eso salíamos a la calle, adoptábamos, sin darnos cuenta, un aire fanfarrón, pisábamos fuerte, mirábamos a los transeúntes como si ellos fueran los extranjeros y no nosotros, en esta tierra de Sefard. Sí, el sentirse aislados y proscriptos tiene su encanto.

Añádase a esto la emoción de las sorpresas. A veces nos encontrábamos allí, en el sótano del viejo Salzedo, con individuos que conocíamos de haberlos visto en otra parte, en la Bolsa, en alguna reunión mundana, sin poder sospechar que fueran de los nuestros, bajo su disfraz aparente de simples extranjeros. Porque el judío, entonces, era una especie de escritura cifrada, de criptografía, que tenía su clave allí, en aquella sinagoga subterránea, y que fuera de tal lugar resultaba totalmente hermética. Los masones tienen sus contraseñas, sus gestos especiales, por los cuales pueden reconocerse en medio de una multitud. Pero el judío no tiene más signo de reconocimiento que sus rasgos fisonómicos, no siempre característicos, alguna palabra de ladino o idisch escapado de la conversación, algún gesto significativo, que delate un resabio de los gestos rituales. Y es preciso proceder con mucho tiento en la interpretación, pues a veces, aunque estéis seguros de haber acertado, el judío justamente receloso, que se ampara en ese anonimato para que no lo molesten, contradice y desmiente vuestra intuición y hasta se da por ofendido. A mí me ocurrió una vez acercarme, lleno de efusión, a uno de esos judíos que se recatan, pero cuya traza judaica era tan inconfundible para el iniciado como una joroba, y encontrarme con esta seca acogida: —No, señor, usted está equivocado, yo no soy judío. Soy alemán. —Y con un cortés sombrerazo cortó todo intento de diálogo.

La reserva entonces llegaba a tal extremo que yo estuve tratando muchos años a un amigo, con el que hube de contraer cierta intimidad, sin sospechar nunca que fuera un hermano. Me enteré cuando, al morir, entre los objetos de su propiedad, que yo, por encargo de la viuda, hube de examinar para su tasación, me encontré con un *talit* y un libro de rezos en hebraico. (El señor Farsi gustaba de decir así: hebraico, que le parecía más solemne). Ni la viuda misma había sabido nunca que su esposo fuera judío.

Otra vez, en cambio, descubrí el secreto judaico bajo la capa aparente del emigrado portugués, en cierto individuo extraordinariamente simpático, que frecuentaba nuestra tertulia de café. Yo entonces era asiduo a una peña a la que concurrían literatos y políticos noveles de gran porvenir, que luego me fueron útiles en más de una ocasión para la causa. Era aquél un hombre muy simpático, como digo, a pesar de que hablaba muy poco. Toda su efusividad se expresaba en sonrisas y miradas de una dulzura penetrante. Era de una finura excesiva, aun en un portugués. Se desvivía por hacernos alguna fineza, aunque sólo fuera la de cedernos el mejor sitio en el diván. Parecía como si tratase de congraciarse con todo el mundo, hacerse perdonar algo o buscarse valedores para un peligro posible. Había no poco miedo en aquella urbanidad extremada. Eso hubiera podido delatar al "anusi", pero yo no sospechaba nada de su origen. Su condición de político emigrado de su país podía explicar suficientemente aquel aire encogido y tímido. Se hubiera ido a su país sin que yo adivinase el enigma, a no ser por cierta indiscreción que su efusividad le arrancó un día y que, por otra parte, sólo mi sagacidad recogió. Debo advertir que el portugués era muy lento y moroso en las despedidas. No se decidía nunca a separarse del todo de los amigos y buscaba mil pretextos para retener nuestra mano en la suya. Aunque hubiera permanecido callado todo el tiempo, en la reunión, al despedirse siempre se le ocurría algo que sin embargo no recordaba bien.

—Yo tenía que decirle a usted una cosa... sí, una cosa, pero no recuerdo ahora bien qué era... ¡esta memoria!

O esto otro:

—Bueno, señor, bueno... pues que lo pase bien... y hasta mañana... No falte, eh, no falte... tengo que decirle algo, sí, sí, tenemos que hablar...

Y a veces, en fin, se quedaba con nuestra mano en la suya, buscando alguna palabra afectuosa, jovial, que dejarnos como un regalo.

—Bueno... bueno... hasta mañana... Mañana hará buen tiempo, de seguro... Vamos a tener una primavera magnífica.

Nadie hacía ya caso de aquellas palabras, no obstante el tono misterioso, solemne y tierno con que el portugués las pronunciaba, cual si pusiese toda el alma en ellas. Pero una tarde, al despedirse, después de muchos balbuceos afectuosos, el portugués dijo:

—Bueno... bueno... y felicidades. ¡Felicidades a todos!

Como no era vísperas de nochebuena ni de año nuevo todos mostraron asombrarse.

—Felicidades ¿por qué?

El portugués, con aire más misterioso que nunca, repitió:

—Sí... sí... ¡felicidades, felicidades!

Y repitiendo la fórmula gratulatoria, se deslizó cortés, pero evasivo, hacia la puerta.

Ahora bien: aquel día era precisamente el de *Rosch Haschaná*, con que da principio el año israelita.

Así fué como supe que aquel emigrado portugués era

un hermano mío. Seguramente aquella tarde, la costumbre y una nostalgia más viva que nunca le hizo pronunciar esas palabras augurales y arrojarlas allí como si fueran rosas.

Yo corrí tras él, le alcancé en la puerta y le estreché la mano conmovido:

—Felicidades. ¡Y el año que viene en Yeruschalayim!

... En otra ocasión —y esta será mi última anécdota, para no cansaros— tenía yo relaciones de negocios con un caballero inglés, un verdadero *gentleman* que me había sido recomendado por la Embajada británica. No sé por qué, quizá por su tipo de meridional, casi tan marcado como el mío, desde el primer momento me hizo concebir sospechas. Habíamos hecho juntos una excursión a Toledo y allí le había visto impresionarse de un modo especial ante las reliquias hebraicas y ponerse el sombrero, que llevaba en la mano, al entrar en la Sinagoga del Tránsito, ya en vías de restauración. Sin embargo, ni él dijo nada alusivo ni yo me permití tampoco ninguna insinuación indiscreta. (Tú eres judío como pensaba — pero si aspiras a la confidencia, has de ser tú quien la inicies, pues yo soy también tan ciudadano británico como tú mismo).

Y así transcurrió mucho tiempo. El inglés se había hecho mi visitante asiduo, siempre teníamos alguna cita pendiente, algún pretexto para vernos, que él inventaba. Teníamos ya conversaciones llenas de franqueza, propias de amigos íntimos, salpicadas de confidencias, aunque sin tocar nunca la principal. Hablábamos de los judíos en términos generales, a propósito de su remota estancia en España, y yo, para ponerle a prueba, exageraba los horrores inquisitoriales y la crueldad del Edicto de Expulsión. Le veía estremecerse y vibrar, reprimiendo su emoción. Pero no salía tampoco del terreno de los tópicos liberales.

—Son lamentables esos atentados contra la libertad de conciencia que se han cometido en otros tiempos.

Pero no era eso lo que yo esperaba. (Has de ser tú quien te insinúes. Y debes hacerlo, hombre. Porque yo soy quien te puede llevar adonde están tus hermanos, y curarte esa tristeza de que tantas veces te dueles).

Porque mi inglés se mostraba con frecuencia triste y se quejaba conmigo de aquella melancolía que él interpretaba como un síntoma de *homesickness.* "Tendré que volverme a Inglaterra —decía—, no obstante lo que me gusta este país."

En fin, para abreviar, un día, un día que yo estaba realmente triste, como siempre en esa fecha luctuosa —era el 9 de *Ab*— vino el inglés a verme. Parecía muy nervioso y desmadejado. Dejóse caer con gesto lacio en una butaca:

—¿Qué tiene usted? —le pregunté—. ¿Está enfermo?

—No.. nada especial... tan sólo esa tristeza... No sé por qué estoy hoy más triste que otras veces. Y eso que hace un día espléndido.

Era verdad. Hacía un día de verano oriental, como los que puedan hacer en Palestina. Un día propio para evocar al vivo las fatigas de los desterrados por los desiertos españoles, bajo aquel sol de fuego, que daba un valor fabuloso a los oasis.

—Yo también estoy hoy triste —díjele.

—¿Usted también? —inquirió, y me miró con emoción penetrante.

—Sí —le contesté—. Yo siempre lo estoy en este día.

Su emoción se hizo más afanosa. Sus ojos me asaetaban. Se levantó y vino hacia mí, trémulo y anhelante.

—¿Siempre en este día?

Yo tuve piedad de él.

—Sí —le dije—. Y me figuro que por la misma razón que usted.

—¿Sí? ¿Cómo puede adivinar?

—Yo, querido amigo —le dije—, lloro por un templo y una patria perdida. ¿Es que usted acaso llora por una mujer y no por eso mismo?

Él entonces se arrojó en mis brazos, sollozando ruidosamente.

—*Schemá Israel* . . .

—*¡Adonay Elohenu, Adonay Ejad!* —dije yo, completando la fórmula, cual si cambiásemos las mitades de una tarjeta milenaria.

Aquella noche, el estirado *gentleman* oficiaba con nosotros en la sinagoga subterránea del viejo Salzedo y se maravillaba alborozado de descubrir allí tantos hermanos suyos, entre los que había más de un rostro conocido, que él recordaba de otras partes, de un salón mundano, bajo una máscara francesa o británica.

—¡Pensar que tenía tan cerca a mis hermanos —decía— y que me encontraba tan solo!

—¡Sí, aquellos tiempos de persecución tenían también su encanto! —tornó a exclamar el señor Farsi. Y como nosotros nos hubiéramos estado toda la noche escuchándole, le instamos para que siguiese hablando. Pero él se excusó, diciendo que ya había contado sus anécdotas más interesantes.

Entonces, otro judío que se hallaba presente y que también llevaba en Sefard muchos años, don Leopoldo Goldstein, dijo:

—Tiene razón el señor Farsi. Aquellos tiempos no carecían de encanto. ¡Estaban llenos de sorpresas conmovedoras! ¿Querrán ustedes creer que yo, judío cien por cien, judío como para quemadero, he llevado un farol en un viático? Pues sí, señores. Me encontraba en casa de un amigo católico, que tenía muy enferma a su mujer, tanto que estando yo allí acordaron darle la extremaunción. Y como mi amigo ignoraba que yo fuese judío, me rogó con desolado apremio —¿Querría usted, señor Goldstein, ir a la parroquia y avisar al viático?—. Desde luego —le dije—. Y fuí y pedí el viático para la enferma, y como es costumbre formarle cortejo al sacerdote con faroles encendidos y tañidos de campanillas, el sacristán fué y me ofreció un farol. —¿Tiene usted inconveniente?—. Ninguno—. Y cogí mi farol. Y así fuí en el cortejo, detrás del Santísimo y subí hasta la casa, entre el campanilleo del acólito y el ronroneo de las preces latinas. Sólo que yo en mi interior cambiaba aquellas preces en salmos hebraicos. Y decía como un conjuro: *"Schemá Israel, Adonay Elohenu, Adonay Ejad!"*

—Ahora bien —dijo el señor Goldstein para terminar— ¿queréis decirme cuántos cristianos habrían hecho lo mismo en parecido trance?

—Eso me recuerda —saltó entonces otro viejo judío de aquellos tiempos, don Samuel Alfandego— una ocasión en que yo recé *kadisch* en un cementerio cristiano por un israelita. Sabrán ustedes que yo siempre fuí muy inclinado a practicar la piedad con los difuntos y en mi juventud fuí, allá en Fez, miembro de la *Jevrá Keduschá*. Pues al principio de estar en Madrid, como siempre que visitaba alguna población extranjera, mi preocupación era la de pensar si por acaso Azrael me visitase inopinadamente en tierra extraña, lejos de los míos, sin tener junto a mí quien me amortajase según el rito, para presentarme debidamente ante Adonay. Muchas veces, en las tardes de sol madrileñas, viendo pasar el lento desfile de carrozas fúnebres, esa larga y solemne parada de los muertos, pensaba para mí: "todos esos muertos católicos han tenido quien les asistiese en su última hora, quien les dijera las preces rituales de su religión, y les vistiese luego el traje de etiqueta de los muertos. Pero un hijo de Israel aquí, si muriese, moriría solo y haría su último viaje disfrazado de *goy*. Y no tendría, sobre todo, quien le dijera *kadisch* sobre su sepultura". Y a continuación, pensaba: "¿No irá quizá ahí en ese largo cortejo algún hermano mío ignorado, que haya muerto así, abandonado de los suyos, y aún en la tumba siga aislado de su pueblo, en un destierro sepulcral?". Esta idea me acongojaba y hacía que fijase con avidez la mirada en aquel desfile de ataúdes, galoneados con la cruz.

Pues bien; un día hubo de llamarme la atención una modesta carroza fúnebre, que iba entre las demás, sola, sin nadie que la siguiese, con sólo el coche de respeto de la Funeraria. La soledad, el abandono de aquel muerto me enternecieron hasta causarme una pena honda y una gran piedad. Seguramente —pensé— se trata de algún extranjero, que estaría aquí de paso y no contaba en esta gran ciudad con ningún amigo que ahora lo acompañase. Y acostumbrado desde mi juventud al culto de los muertos, instintivamente sentí el ansia de rendirle el último tributo a aquel muerto desdeñado y crucé la calle y me puse a caminar a la zaga del coche fúnebre, dándole guardia y escolta. Seguíle a pie por las calles céntricas de la ciudad, hasta que llegamos a las afueras. Allí tomé un coche y continué detrás del coche fúnebre, por aquellos caminos de arrabal. El coche atravesó el puente sobre el Manzanares y siguió adelante por esos campos desolados que rodean los Carabancheles. Sabía yo que por allí estaba el cementerio británico, que hasta hace poco tiempo daba hospitalidad a los muertos de Israel, de igual modo que Gibraltar en España se la daba a los vivos. Allí se dirigía efectivamente el coche que yo iba siguiendo y bajo su verja herrumbrosa entró. Yo me apeé del mío y penetré también. Un sacerdote protestante, de levita y alzacuello, recibió al cadáver y le rezó un responso. Luego los sepultureros se hicieron cargo del cadáver para conducirlo a la fosa. Entonces, los funerarios se acercaron a mí, creyéndome pariente del difunto, aunque algo asombrados por no haberme visto antes. Deshecho el error, interroguéles.

—¿El difunto era algún extranjero, verdad?

—Sí, así parece —me contestaron ellos—. Estaba hospedado en el Hotel de los Leones. Se llamaba Mr. Cohen y como inglés, se le entierra aquí. No sabemos nada más.

¡Conque se llamaba Mr. Cohen! ¡Figuraos mi emoción! Aquel nombre no dejaba lugar a dudas. Era un hermano nuestro y de la casta sacerdotal. E iba a enterrarse en un cementerio cristiano. Yo me figuraba cuánto esta idea habría agravado la angustia de su agonía. ¡Pobre muertecito de Israel que ni siquiera iba a poder esperar la hora de la Resurrección en trozo de tierra judía, entre los suyos, en su judería sepulcral! Entonces tuve la intuición misteriosa de que Adonay mismo me había impulsado a seguirle, a fijarme en aquel muerto desconocido y acompañarlo hasta su última morada en la tierra. Me sentí un enviado. ¡Por lo menos, ese hermano mío tendría quien le dijese *kadisch* junto a su sepultura! Y además, tampoco se enterraría bajo el signo de la cruz. Efectivamente, hundí la mano en mi bolsillo, saqué unas monedas y llamando aparte a los funerarios, les dije:

—Os asombrará el que os diga que conocía a este Mr. Cohen, que era de Gibraltar y pertenecía a la colonia israelita. Conocía sus ideas y me consta que no le hubiese gustado que lo enterrasen con la cruz. ¿No podríamos arrancar esos galones dorados del féretro?

Al mismo tiempo ponía en sus manos las monedas.

Estábamos solos, pues en aquel cementerio británico eran raros los sepelios. Ellos iniciaron un gesto de resistencia; instantáneamente vencido.

—¡Bueno! Si no es más que eso. Nosotros, después de todo, somos republicanos y librepensadores. El difunto sería masón ¿verdad? (Así interpretaban ellos el nombre de israelita).

Asentí y en un momento, yo mismo, arranqué los galones y deshice el signo de la cruz.

Luego, mientras el ataúd, ya descristianado, descendía a la fosa, yo, con labios trémulos y fervorosos, recité el *kadisch*. Los funerarios, atentos a su tarea, ni siquiera se fijaron. Después, ya con las primeras sombras de la tarde, yo salía del cementerio británico, llena el alma de un místico gozo. Había actuado como un miembro de la *Keduschá*. Había enterrado a un muerto de Israel

—¿Pero conocía usted realmente a Mr. Cohen? —preguntó alguien.

—No; no lo conocía. Antes de enterrarlo, según costumbre de los *góyim* destaparon la caja y yo pude verle el rostro. Era un rostro pálido, desfigurado por la muerte. Claro que su pelo negro, que su nariz... Pero a mí me bastaba con su nombre. Ese nombre de Cohen. ¡No cabe duda!

—Es verdad —asintieron todos—. Ese nombre sólo puede llevarlo un israelita. Y un israelita consciente. Una nariz judaica no se la puede quitar el individuo; un nombre judaico, sí. Y cuando a pesar de ello, sigue ostentándolo, es que quiere ser conocido como tal judío, sobre todo por sus hermanos. Un nombre así es una contraseña.

—Por lo demás —hizo observar el señor Farsi—, todos los judíos nos llamamos "Cohen". Puesto que, como dice el Libro: "Sois un pueblo de sacerdotes (*Cohaním*)".

Todos bajaron la cabeza en señal de fervoroso asentimiento.

ROSA TORQUEMADA

CUANDO ella dijo que se llamaba Rosa Torquemada, don Isaac Farsi y su esposa Ruth dieron un respingo, como si les hubiera picado un escorpión, y se miraron con ojos de asombro e incredulidad.

—¿Cómo ha dicho usted? —preguntó el señor Farsi.

—Rosa Torquemada —repitió la criadita, algo asombrada también.

—Rosa Torquemada —refunfuñó el señor Farsi. Y luego, fulminándola con sus ojos negrísimos de judío sefardí auténtico, la increpó:

—Torquemada... ¿Y pretende usted servir en nuestra casa?

—Claro que sí —respondió la chica—. Si nos entendemos...

—¡Entendernos! —murmuró al sefardí. ¿Pero podía él entenderse con una Torquemada..?

Guiñóle el ojo a su mujer, Ruth la asquenazí, que con su pelo rojo parecía chamuscada de llama de auto de fe. Y Ruth, pequeña y débil, toda temblando, acercóse a su marido y murmuróle en idisch, para que la otra no lo entendiese:

—¿Le dirás que no, verdad? Una nieta de inquisidores . . .
¡Hogog! . . .

Pero de pronto el señor Farsi cambió de semblante y
sonrió con picardía bajo sus bigotes canosos. Como andaluz pasado por Londres tenía el sentido de la gracia y el
humor. Y aquello tenía gracia. Así que con tono discreto,
pues siempre quería conservar su impasibilidad británica,
díjole a su mujer:

—*Why not?*

Y encarándose con la Torquemada, le notificó:

—Está bien. La tomaremos. Queda usted admitida, Rosa
Torquemada. Ahora entiéndase usted con la señora.

Y aquella noche ya durmió la nieta del gran inquisidor
en casa de aquellos nietos de los desterrados. Y el señor
Farsi y su esposa se dedicaron a observarla, como si fueran
ellos los inquisidores.

Rosa Torquemada era lo mismo que cualquiera otra chica
de servir que no tuviera abolengo tan tenebroso. No sabía
de refinamientos culinarios, escondía las cosas en rincones
absurdos, guardaba los papeles inútiles y tiraba a la basura
los que el señor Farsi dejaba cuidadosamente encima de su
mesa. Y sisaba como todas. En todas las malicias de su
profesión, era doctora. En cambio, no sabía leer ni escribir.

—Menos mal —comentaba el señor Farsi—. Así no se en-
terará de las cartas. Ni tendremos que hablar idisch delante de ella, pues incluso el español le suena a gringo.

Pero la señora de Farsi, aquella paciente y dulce alemana que todos los sábados edificaba una tarta con las
ternuras sobrantes de su corazón, perdía la paciencia con
aquella criadota, ignorante y cerril. Y por las noches se
lamentaba suavemente con el marido:

—Mira, Isaac, es la más torpe de cuantas criadas hemos
tenido . . . Y además no se la puede reñir . . . Tiene la mi-

rada de un inquisidor... Y cuando la veo encender la lumbre, me parece que nos está preparando la hoguera...

Pero el andaluz britanizado sonreía:

—No hagas caso, Ruth... Será torpe; pero tiene un alma angelical. Y además no sabe nada; se ha extinguido en ella la memoria atávica. Y si no, ya verás... la interrogaré y no sabrá contestarme.

Y el señor Farsi, con efecto, sometía a Rosa Torquemada a unos interrogatorios de psiquiatra, capciosos como los de un fiscal. Un día le preguntó de su apellido:

—Torquemada... vamos a ver... ¿Por qué se llama usted Torquemada, Rosita?

—Pues porque así se llamaba mi padre —contestó la chica con toda naturalidad—. Jesús, y qué cosas tiene el señorito. ¿Pues cómo se va a llamar una?

El *test* había fallado. El señor Farsi miró irónico a su mujer y repitió:

—Claro, Jesús, cómo se va a llamar una... tiene razón...

Pero el *gentleman* sefardí no renunció a su empeño de despertarle el subconsciente.

Empezó a hablar delante de ella con su esposa de Judas y de los judíos, y de las judiadas que éstos habían hecho y seguían haciendo, y de las que a ellos les hacían.

—¿Has leído lo que dice el periódico, Ruth?... El pogrom de Kischinef... Buena escabechina de judíos... Les está bien empleado... por haber matado a Cristo...
—Y miraba de soslayo a Rosita.

—Por Dios, Isaac —suspiraba su mujer, dolida de que hiciera chistes a costa del dolor de su raza.

—Es un *test*, mujer —decía don Isaac echando fuego por los ojos.

Pero Rosita permanecía impasible, y seguía cantando y esgrimiendo los zorros como si tal cosa... Ahora que lo hacía con una fuerza y una rabia que a la asquenazí le parecían simbólicas.

El señor Farsi llegaba a indignarse.

—Pero esta chica es un caso de amnesia total... ¿Será que está fingiendo?

Y redoblaba delante de ella las alusiones a los judíos, a los judíos, sabe usted, los judíos que traen revuelto al mundo, los judíos que son muy malos, Rosita... los perros judíos...

Aquella vez la muchacha saltó:

—No se ponga usted así, señorito. ¡Si eso de los judíos es un cuento!... ¿Va usted a hacer caso de lo que digan los "papeles"?

—¿Pero tú no crees en los judíos, Rosita? —exclamó el señor Farsi, atónito.

—Mire usted, la verdad —respondió la muchacha—. Yo he oído hablar de los judíos a las viejas del pueblo... Eran unos tíos muy malos, como demonios, con cuernos y rabo... que mataron a Cristo... pero el Sábado de gloria murieron todos... Para mí que no han existido nunca... yo no me chupo el dedo... Son algo así como los duendes... Yo por lo menos no he visto a ninguno...

Ante aquella negación de los judíos por una cristiana, el señor Farsi creyóse obligado a dar testimonio de su raza y su fe:

—Pues mira, Rosita, abre bien los ojos... aquí tienes un judío... Yo soy judío y la señora es judía...

Pero Rosita se echó a reír: —¡Qué va usted a ser judío, señorito!... Los judíos son muy feos y tienen rabo y usted, con perdón de la señora, no es mal parecido.

El señor Farsi no agradeció el piropo. Estaba indignado. Aquello era peor que todo, peor que la hoguera y el éxodo... ¡Negar a los judíos, a veinte millones de hombres que desde hacía siglos venían padeciendo por no dejar de ser judíos!... Era como para despedir en el acto a la muchacha. Pero se contuvo por no provocar un conflicto doméstico. Y Rosa Torquemada siguió en la casa, rompiendo platos, escondiendo las cosas, estropeando la colección de porcelanas de D. Isaac con los zorros —a pesar de la prohibición de tocarlas— y en fin, haciendo mil "judiadas". Por mucho menos había despedido el señor Farsi a otras. Pero Rosita era intangible. La defendía la fascinación del nombre. El señor Farsi sentía un placer masoquista en aguantar los desafueros de aquella nieta de inquisidores. Dominaba sus nervios y extremaba con ella su afabilidad. Un día le preguntó:

—¿Y qué, Rosita? ¿Está usted contenta en la casa? Dígalo con franqueza... aquí no sujetamos a nadie...

Rosita contestó:

—Sí, señorito... claro que lo estoy... en medio de mi desgracia...

—¿Cómo? ¿Se siente usted desgraciada con nosotros?...

El señor Farsi creía haberla ya cogido en un renuncio. Pero la chica explicó:

—Quiero decir, en medio de mi desgracia de tener que servir...

—¡Ah, ya! —suspiró el *gentleman*.

—Yo estoy muy contenta con los señores... y le he tomado ya cariño a la señora.

Pero la señora, doña Ruth, no decía lo mismo de ella. Y por las noches seguía quejándosele al marido:

—Mira, Isaac, te digo en verdad que esa nieta de inquisidor me pone nerviosa... parece que hace todo lo posible por atormentarme... todo lo hace al revés... hasta carga de pimentón las comidas, sabiendo que soy dispéptica... Me está haciendo pasar la Inquisición... Es que lo lleva en la sangre... Deberíamos buscar un pretexto para despedirla...

Pero don Isaac se reía bajo el embozo.

—¿Despedirla? ¿Qué dices? ¿Pero no comprendes que esto parece una *agadá* talmúdica? ¿Amán sirviendo a Mordejay? ¿No comprendes el triunfo que para nosotros representa el tener a nuestro servicio a una Torquemada y poder practicar en sus propios ojos nuestros ritos, sin temor de que nos mande a la hoguera? Ya ves, el otro día, me vió hacer la *tefilá* con el *talit* sobre la cabeza... y no hizo ni un gesto de asombro... Es que los nietos de los inquisidores han perdido la memoria... la memoria que nosotros conservamos y conservaremos hasta la eternidad... *ad olam vaed*...

Rosa Torquemada acabó pues por arraigar en casa de los Farsi. No era mejor ni peor que cualquiera otra. Y además, resultaba decorativa, por el prestigio imponente de su nombre. Era una arqueología. Las tardes de recepción o las noches que tenían invitados a la mesa, cuando entraba Rosa con aquellos platos exquisitos que la asquenazí preparaba y servía a los invitados, sonriendo con una amabilidad que contrastaba con su torpeza, el señor Farsi se complacía en decirles a sus correligionarios:

—Ésta que nos sirve la mesa es Rosa Torquemada, nieta del Gran Inquisidor... — Y gozaba viendo el respingo que daban algunos al oír aquel nombre y los ojos de asombro que ponían... Como ellos al principio... Pero ¿era posible?

—Sí, señor, Rosa Torquemada... Una historia de sangre... pero no tengáis cuidado... Su abuelo nos quemaba, pero ella sólo quema algunas veces el asado y nos sirve a la mesa... Y no es nada eso de tener una criada así... un lujo digno de Rothschild, ¿no?

Y todos asentían y murmuraban: —Sí; ¡es una Reparación...!

Total: que Rosa Torquemada acabó por arraigar definitivamente en la casa. Doña Ruth, aquella mujer de corazón tan dulce como sus tartas, dejó de tenerle miedo y se encariñó tanto con ella como con una hija. Se propuso educarla, hizo de ella una buena cocinera y por las noches, con paciencia infinita, le fué enseñando a leer y escribir, para que pudiera cartearse con su novio, que era soldado en Marruecos. El señor Farsi decía:

—Para que se vea cómo somos los judíos... Ahí tienen ustedes a Ruth... podía vengarse en esa nieta de Torquemada de lo que éste hizo sufrir a nuestros abuelos... y sin embargo está haciendo por ella lo que no hizo su madre. Los judíos somos así...

Llegó un momento en que Rosa Torquemada tuvo conciencia; una conciencia. Y supo de los judíos y su tragedia y de lo que habían sufrido en España... y supo también que sus señores descendían de aquellos desterrados... Y como era buena chica, se indignó contra aquel crimen histórico y desde entonces se desvivía por halagar a sus señores, como si quisiera rescatar con ello su parte de culpa.

Hasta quería judaizarse. Un día llegó a decir...

—A lo mejor, señorita, yo también soy judía...

¡Una Torquemada! ¡Decir eso una Torquemada! ¡Cómo rabiaría la sombra del Gran Inquisidor! ¡Y para eso había él quemado tantos judíos!...

El señor Farsi reía mefistofélico, bajo sus bigotes, para no perder su gravedad británica.

YOM KIPUR

L A casa de D. Isaac Farsi estaba en duelo por la fiesta de *Yom Kipur*. Los señores habían enviado de paseo aquel día a la criada cristiana —cuyos servicios hacía innecesarios el ayuno ritual— con el fin de evitarse testigos importunos, cuya presencia mancillase además la santidad de aquella liturgia íntima y solemne. En unión de algunos correligionarios, viajeros, a quienes el día santo sorprendía en la Sefard sin sinagoga y que venían dirigidos al hogar de los Farsi desde los puntos más remotos de Oriente, se habían retirado a una habitación interior de la casa, convertida en oratorio y en la que el noble sefardí oficiaba los sábados. Allí habían celebrado la primera parte del rito, en un secreto que recordaba los terribles tiempos de las persecuciones. Y ahora, en la inminencia de la hora vesperal, aguardaban en un silencio entrecortado de suspiros, con las caras pálidas como de haber asistido al sepelio de todo un año de esperanzas fallidas, el momento de recitar esa misteriosa oración —la *Neilá*— que sólo debe rezarse cuando apenas hay luz suficiente para enhebrar una aguja y a la que se atribuyen gracias milagrosas.

De pronto, mientras se hallaban en la inquietud de esa

expectación solemne, sonó insistente el timbre de la puerta, sobresaltándolos a todos. ¿Quién había elegido aquel crítico instante para ir a turbar su recogimiento sagrado? ¿Sería alguna visita frívola? ¿O sería algún hermano que llegaba tarde, con el apremiante anhelo de recitar siquiera la oración milagrosa? Contrariado el señor Farsi púsose en pie, haciéndoles señas a todos de permanecer en sus puestos. Quizá el que llamaba, viendo que no le respondían, se retiraría. Pero como el timbre insistiese, los nervios del señor Farsi, más excitados aquel día, no pudieron resistir su reclamo. Y D. Isaac fué lentamente hacia la puerta a mirar con cautela quién fuese el intruso. Un timbrazo más fuerte acabó de exasperarlo y perdiendo ya toda prudencia fué a abrir con gesto brusco.

Encontróse de pronto con dos señoras, relativamente jóvenes, ataviadas con lujo y elegancia, que preguntaban por Carlota —nombre profano de Ruth— y penetraban con una osadía de buen tono en el vestíbulo, anunciándose al mismo tiempo: —Dígale a Carlota —usted será ¡claro! su marido— que están aquí Mercedes y Carmen Acuña...

El señor Farsi recordó. Eran la mujer y la cuñada de un personaje influyente que Ruth había conocido hacía poco en casa de una familia católica: una de esas amistades que el judío, poco estimado por los *góyim*, gusta de prenderse como una joya y que acaso algún día puede salvarle como una cruz puesta sobre su vida. En otras circunstancias, la visita de aquellas dos damas católicas habría halagado el "snobismo" del sefardí y las hubiera lucido ante sus amigos judíos. Pero en aquel instante de fervor hebraico, sólo veía en ellas dos intrusas, dos enemigas seculares de su fe y de su raza.

Las recibió de pie. No las invitó a pasar al interior de la casa. No las invitó ni siquiera a sentarse. Y como ellas,

asombradas y ofendidas, repitiesen con sus voces huecas:
—¿Pero, y Carlota? ¿Dónde está Carlota? —el señor Farsi,
con un orgullo verdaderamente sacerdotal (todo aquel día
había actuado de sacerdote) se limitó a decirles:

—Carlota está hoy indispuesta y no podrá recibirlas.
Vengan ustedes otro día ...

Se lo decía abriendo ya la puerta, invitándolas a salir.
Ellas estaban atónitas. No se explicaban ... Por fin, la mayor, dándose cuenta, dijo con una ironía en la que había
no poco de amargura:

—Está bien. Volveremos otro día ... Anda, vámonos. —
Y con una leve reverencia se fueron. El señor Farsi cerró
con un gesto impaciente la puerta, y se volvió al oratorio,
donde le aguardaba en inquieta expectación el pueblo de
Israel.

En el pasillo se encontró con Ruth desolada. Lo había
oído todo ... Aquellas mujeres tan simpáticas que, no obstante su catolicismo, se habían expresado con ella en términos de tan gran tolerancia. Ella había soñado en aquellas
mujeres unas amigas cordiales, con las que un día podría
abrirse en confidencias, buscando en su amistad esa bendición católica de que siempre está más o menos ávido el judío —quizá supersticiosamente—. Ahora ya esa amistad
quedaba truncada para siempre. Ellas no volverían. Ni Ruth
se atrevería a visitarlas. Después se enterarían de que era
judía y se lo explicarían todo.

—¡Eran las de Acuña! —murmuró.

—Sí ... ¿Y qué? ¡Aunque hubieran sido los reyes de
Sefard! —replicó el señor Farsi—. ¿Cómo recibirlas en
Yom Kipur? Vamos a decir la *Neilá*. — La empujó casi
duramente en su nerviosidad. Estaba ya obscureciendo. Iban
a cerrarse, según la leyenda, las puertas del Empíreo; un
momento más y ya no llegarían las preces hasta el trono

de Adonay. Expirarían cual pájaros aleteantes, en los umbrales del Paraíso.

El señor Farsi entró en el oratorio. Se caló el sombrero, substitución del antiguo turbante con que es de rito cubrirse en el templo, tomó con mano trémula el libro, tachonado de letras hebraicas —el viejo libro negro sobre su mano roja, como sellada por aquel mal del hígado que en vano trataba de curar el doctor Heiler, porque llevaba en sí todas las hieles de su raza. Y empezó a recitar las preces con esa prisa que les da un valor emocional incomparable.

Ruth seguía en voz baja, con su torpe dicción asquenazí, la pura música hebraica del esposo oficiante. Pero el recuerdo de las amigas perdidas no la abandonaba, torturándola con un pesar que acrecía su fervor. Y con las últimas palabras de la prez ritual, enviaba a los pies de Adonay como exvotos, aquellas amistades nacientes sacrificadas a la luctuosa majestad del *Yom Kipur*.

E X C O M U L G A D O

SAMUEL Felbarg, el polaco, fué uno de los asquenazíes a los que los sefardíes, acaudillados por el magnífico señor Farsi, expulsaron de la sinagoga madrileña bajo la inculpación, a todas luces infundada, de amigos de los alemanes y de espías. La acusación era tanto más arbitraria en el caso de don Samuel cuanto que éste, por razón de su origen, pertenecía a una nación aliada de Francia e Inglaterra en la guerra mundial y no podía sentir entusiasmo alguno por los imperios centrales. La razón de todo, en realidad, no era otra que el aristocrático desprecio que el señor Farsi, muy ufano de su cara morena y afilada, semejante a la de un retrato del Greco, sentía por todos aquellos correligionarios suyos que tenían el pelo más o menos rubio y los ojos más o menos azules. Para él, eran aquéllos unos judíos de inferior calidad, algo así como la chusma de Israel. Una chusma piadosa y enfervorizada, rayana en el fanatismo, pero que aún conservaba resabios de su dura esclavitud, era nimia y meticulosa en las cosas del rito, pero carecía de esa suelta dignidad con que los sefardíes sabían llevar el manto de gloria de Israel. Eran hombres de aire encogido y pacato, que se deshacían en zalemas y reverencias y parecían prontos a dar gracias a los cristianos porque no los trataban a puntapiés como a los perros. Don Isaac Farsi se avergonzaba de aquellos hermanos suyos y evitaba su trato en público. Lo cual no era obstáculo, sino más bien acicate, para que ellos, sencillos y humildes, extremasen sus deferencias con el noble caballero, que lejos de agradacérselo acababa de exasperarse con aquellas muestras de servilismo.

D. Samuel Felbarg, el polaco, era un hombre bueno, hábil y laborioso, que había logrado hacer una fortunita, trapicheando en toda clase de cosas, antiguas o simplemente viejas. Encarnaba el amor de la raza a los despojos y reliquias. Él mismo parecía una reliquia, una antigualla, a pesar de ser todavía joven, con aquellos trajes que usaba y que siempre parecían viejos, aquellas sortijas de piedras empañadas que adornaban sus manos y que eran una garantía para infundir confianza a sus clientes, y su pelo rubiasco, que parecía una herrumbre. De entre toda aquella mugre de don Samuel, sus ojos azules, ingenuos, infantiles, surgían como algo extraordinariamente nuevo y fresco, como dos claras mañanas alboreando sobre ruinas.

Pero D. Samuel tenía algo más claro y fresco todavía que sus ojos y eran tres hermanas solteras que vivían con él y le acompañaban en todas sus peregrinaciones. Tres hermanas jóvenes y lindas, como tres rosas o tres ángeles. Cuando D. Samuel andaba por ahí en sus trapicheos, con las manos polvorientas de tocar vejeces, acordábase de sus tres hermanas y se le refrescaba el corazón. D. Samuel las amaba tanto que no se había casado por no abandonarlas y aguardaba a que ellas lo hiciesen, para elegir entonces esposa. Pero ellas, no obstante su belleza, permanecían solteras, porque aunque D. Samuel manejase un capitalito regular en sus negocios, no tenía aún lo bastante para asegurarles una dote lucida y los casamenteros de la judería no las consideraban un buen partido para gestionar su connubio.

D. Samuel era un hombre bueno y piadoso. Observaba la religión con un celo excesivo. No gustaba más sino de estar en su casa, en compañía de sus tres hermanas, o en la casa de Dios. Siempre durante el día hacía dos o tres visitas a la sinagoga, para cerciorarse de que todo iba bien, de que no la habían quemado las turbas, de que el *séfer* con la palabra de Dios seguía intacto. Todas las noches, antes de irse a acostar, daba un vistazo a los muros de la casa en que estaba instalado el templo, contentándose con mirar los balcones y experimentar un místico gozo al ver que continuaba en pie, protegido sin duda por un ángel de Dios. Don Samuel creía sinceramente que no sólo un ángel, sino bandadas de ángeles cerníanse en el oscuro cielo de la noche, sobre el inmueble. Su ilusión era tan grande que los rótulos comerciales de aquella calle céntrica, le parecían versículos de salmo; porque todo en el fondo canta la gloria de Adonay. Algunas veces encontraba cerrados los balcones, indicio seguro de que se estaría celebrando algún rito o alguna reunión amistosa. D. Samuel pensaba con gustosa amargura: "Ahí dentro estarán ellos, los sefardíes, reunidos como hermanos, mientras que yo vago por las calles como un judío proscripto. Ellos están ahí como en su casa, puesto que están en la casa de Dios y no sienten el *galut* en sus corazones alegres. ¡Qué felices son!". Y don Samuel contemplaba aquellos balcones cerrados con envidia, una envidia santa de aquellos elegidos, y con una gran pena de verse cerrado el Paraíso de Adonay, cual si en vez de ser un judío fuese un *goy* impuro.

Pero de pronto una consideración inesperada vino a consolarlo. Alzó la cabeza galleando y se dijo: "Bueno; a él no le dejarían entrar allí dentro, pero lo que es allí fuera era dueño y señor. Podía contemplar los muros de la casa cuánto quisiera, rondar el edificio, acariciarlo como la orla de una túnica santa. Eso no podía impedírselo el señor Farsi por muy sefardí que fuese". Y lo principal, para él, después de todo, era que la casa de Dios siguiera en pie, poder verla, hacerle la guardia en las deshoras, allí en la tierra, a semejanza del ángel que vela sobre ella en los cielos.

—¡Cómo no se me había ocurrido esto antes! —pensó D. Samuel, inundado de mística gratitud—. Sin duda es palabra de Adonay. —Y se dobló en acción de gracias.

Desde entonces, todos los días, D. Samuel, terminados sus negocios, iba a rondar el templo, la casa de Dios, como otros van a rondar la de una novia. Hacía su última requisa a las doce, antes de irse a recoger en el último tranvía. A esa hora, la calle estaba casi desierta y podía figurarse que era una prolongación del templo. Con la imaginación veía el *séfer*, el candelabro de siete brazos, las paredes cubiertas de tapices azules y rojos, regalados por los marroquíes. Y veía además otra cosa. Un ángel, una legión de ángeles acompañando la santidad solitaria del *séfer*, llenando el oratorio vacío con sus dulces y tenues cánticos.

Más adelante, como providencialmente, abrieron un bar americano en una esquina de la calle, sitio estratégico desde donde se alcanzaba a divisar, aunque con alguna dificultad, la morada mística. D. Samuel, mientras saboreaba una soda, podía ver quién entraba y salía de la casa, y gozaba con aquel espionaje inocente, pensando: "¡Qué ajenos estarán a que estoy aquí y me entero de todo! Es como si estuviera dentro. Veo la figura pesada de elefante científico del doctor Salomón, veo la cara pálida de santo tísico de Melamed, veo los ojos fulminantes de D. Isaac Farsi... ¡Je! ¡Je! ¡Verdaderamente soy un espía, señor Farsi, ahora tiene usted razón ... Pero ya ve usted qué clase de espionaje tan santo hago! ..."

Un día, don Samuel vió albaranes en una casa de chaflán que tenía balcones precisamente enfrente de los de la sinagoga. Dióse prisa a alquilarla y ya pudo desde allí montar cómodamente la guardia de la sinagoga. Y su muestra — Felbarg, antigüedades— fué un reto para el señor Farsi y para todos los sefardíes habidos y por haber. Parecía que D. Samuel ponía asedio a la sinagoga.

—¡Lo tenemos enfrente! —decía con cierta alarma el doctor Salomón—. Sí, don Samuel ponía cerco a la sinagoga y le apuntaba con su catapulta mística. En sus balcones, invitados por él, había siempre unos cuantos asquenazíes acodados en la baranda, como guerreros apercibidos al ataque. Eran por lo menos testigos que todo lo veían, que de todo se enteraban. Los sefardíes se encontraban molestos en la sinagoga, no del todo a sus anchas.

—Habrá que parlamentar con ellos —decía diplomáticamente el doctor Salomón—. Después de todo, lo mismo da que estén dentro que fuera. ¿Y si nos arrojan una bomba de mano, para deslucir nuestras fiestas?

El señor Farsi protestaba: —¡Usted no tiene sangre en las venas! —le decía—. ¡Es usted una salchicha alemana! — Pero el doctor Salomón, a espaldas suyas, entabló negociaciones. Los asquenazíes volvieron a la sinagoga y D. Isaac Farsi se fué de ella, reñido esa vez con todos. Don Samuel había triunfado con la mansedumbre, sin tragedia.

Y además, como en los tiempos en que la casa de don Samuel fué una atalaya sobre la sinagoga la frecuentaron más asiduamente los asquenazíes de Madrid, resultó que pudieron apreciar más de cerca la belleza y la gracia, además de la honradez, de las tres hermanas Felbarg, de suerte que éstas sacaron al fin novios. Y aquel mismo año, antes de *Kipur*, se casaban las tres en la misma sinagoga, actuando de rabí el docto Menahém ben Coriat, de Marruecos, que había hecho sus estudios en Jerusalén.

Y don Samuel recordaba la máxima del santo rabí Akiba, que consta en el Talmud: "¡Dios lo hace todo para bien!".

Por lo demás, de allí a poco terminó la guerra. Y don Samuel, como sus hermanos, los asquenazíes, volvióse a su tierra, vencida, pero amada. También el doctor Salomón marchó a Inglaterra, con objeto de asistir al Congreso Sionista que allí se anunciaba. En adelante, ya sólo le interesaría la Palestina restaurada por el sionismo. Sefard quedaba perdida ya para siempre en el tiempo.

Se fueron pues las golondrinas judaicas, que había traído la guerra. En Sefard sólo quedaron los sefardíes. Y como era de esperar de aquellos hombres apáticos e individualistas, no tardó en cerrarse el templo en que por un instante habían brillado las luminarias de *Januca* y resonado el *schofar* de Moisés sobre Israel unido, en un alto de su vida errabunda.

UN "JAMOR" EN ISRAEL

DESDE mediado el siglo XIX la banca judía tenía una representación en Sefard como irradiación del poder de los Rothschild, esos cuatro hombres que, ellos solos, habían vencido a Napoleón. El banquero judío había vuelto a Sefard antes que el sabio y el poeta. Sus millones, aliándose con los millones cristianos, habían sellado la primera reconciliación de las dos razas antagónicas.

La familia Sauer, asquenazí de origen, con su raíz acaso en la vieja judería de Francfort del Meno, de donde los Rothschild procedían, llegó a tener en Sefard una preponderancia callada y efectiva. Subvencionaba ministros, compraba periódicos, y reunía en su mesa suntuosa a escritores famosos, políticos avanzados y prelados de la Iglesia Católica. Era una sucursal del palacio de los Rothschild en París y sólo le faltaba contar a un Heine entre sus comensales. Pero si no tenía a un Heine, escanciaba con profusión el exquisito "Lachrima Christi" con que el poeta germánico, "el ruiseñor que había anidado en la peluca de Voltaire", hiciera un día su *calembour* famoso. (Cristo llora al ver que un judío como usted bebe un vino tan delicado).

Durante dos generaciones, la familia Sauer dominó en

Sefard el mundo de las finanzas y el de la política. Sus millones crecían y su palacio se llenaba de maravillas de arte. Pero no en vano admitía a su intimidad a escritores y poetas. El arte es una dinamita que no es prudente introducir en los palacios y menos en las casas de banca. El nieto del primer señor Sauer, el imponente D. Natán Sauer, resultó dotado de peligrosas inclinaciones literarias. Y como no es menos peligroso el trato con los prelados de la Iglesia, su tío don Samuel Sauer sintió un día el golpe de la gracia y abjuró de los viejos errores mosaicos y se casó con una condesita española que luego habría de ornar su cabeza con esos aditamentos que en Moisés se consideraron de naturaleza divina.

Pero fijémonos principalmente en el magnífico D. Leopoldo Sauer, el último vástago de esa poderosa dinastía de financieros. Don Leopoldo sintió desde pequeño un odio invencible a los libros de contabilidad y una atracción laudable a los libros de ciencia. A los dieciséis años era doctor en filosofía y letras y desde aquel momento sintió el noble anhelo de acaparar doctorados. Los millones de su padre se lo allanaban todo. ¿Qué podía resistírsele a un hombre que de niño había jugado en las rodillas del Presidente del Consejo y del Nuncio de Su Santidad? A los veinte años, el señor Sauer (don Leopoldo) era todo lo doctor que puede ser un hombre, correspondiente de una Academia y Presidente del Colegio de Doctores de la culta Sefard.

Don Leopoldo Sauer era un ejemplar magnífico de la raza asquenazí. Grande, fuerte, rubio, con una petulancia arrogante que le comunicaba una especie de hermosura descarada. Un hermoso animal. Dondequiera que iba, llevaba encasquetada la chistera de su título de doctor y la mitra de gran magnate financiero. Eran los tiempos en que

empujados por la guerra europea empezaban a afluir a
Sefard judíos de toda Europa. Y naturalmente, su aspiración suprema era ser recibidos en el palacio del famoso banquero. Había muerto ya su padre y don Leopoldo acaparaba toda la majestad del millón.

El doctor financiero acogía a los emigrados con olímpica
benevolencia. Veía en ellos una base para ampliar su prestigio y su influencia política. Con sus labios fríos les
hablaba en una lengua de fuego. Sí; era preciso traer a
los judíos a Sefard, el país de sus mayores. Había que
recabar de los gobiernos libertad absoluta para el ejercicio
de su culto milenario. Él pondría en la empresa todo su
poder. Y sus visitantes salían de allí confortados y llenos
de esperanza por las palabras del prócer y por la vista imponente de aquellos criados de librea que les abrían, re-
verenciosos, las puertas.

El doctor Sauer fué a ofrecerse al doctor Florido, el
apóstol del sefardismo, y ofrecióle su colaboración entu-
siástica. El doctor Florido, que en vano había acudido en
demanda de aquello a su padre, el banquero difunto, expe-
rimentó un gozo seráfico al ver echarse en sus brazos al
hijo. ¡Ahora sí que Israel despertaba! ¡El nuevo Moisés
tendría el apoyo del nuevo Epulón!

El único que miraba con recelo al banquero-doctor era
el doctor Salomón, el sabio orientalista que, según él, representaba la Ciencia, pero la ciencia pura, sin aleaciones
metálicas. El doctor Salomón era doctor sencillamente,
sin que nadie pudiera añadirle a ese título otros cotizables
en la Bolsa. El doctor Salomón tenía en su calidad de representante de la ciencia judía, la fobia del banquero judío,
causa de todos los males que padece Israel y del odio que
inspira a los demás pueblos. El doctor Salomón, sin embargo,
tuvo que asistir a varias cenas en el palacio de su colega

impuro, pues el doctor Sauer no podía dejar de engalanarse con aquel grueso diamante de ciencia judía. Pero en aquellas sobremesas, el doctor Salomón pudo examinar el bagaje científico de su anfitrión.

—Es un *jamor* (burro) —decíale luego a su amigo Benaser—, y un *jamor*, ya se sabe, es la mayor desgracia en Israel. Es un burro cargado de oro. Menos mal si tiene el oro.

Benaser asentía, pero discrepando en un punto. No era un burro cargado de oro, sino un caballo, un caballo matalón, arrogante y magnífico. Uno de los caballos del Apocalipsis.

Cuando hablaba, parecía piafar en una pradera. Su lenguaje era agresivamente afirmativo: "Hay que hacer derogar el ominoso Edicto de Expulsión. Hay que levantar una sinagoga en cada esquina. ¡Hay que rehabilitar la memoria de los mártires de la Inquisición! ¡Hay que organizar un homenaje al gran Maimónides!". Pero luego, el pomposo Presidente del Colegio de Doctores dejaba a Maimónides para organizar el centenario de la mística doctora Teresa de Jesús. (Había que empezar por ser tolerantes). Aquel hombre no podía prescindir del trato con los prelados de la Iglesia y el centenario de la doctora mística le pondría en contacto con todos los magnates clericales. Pero todo esto es influencia, poder para el judaísmo —explicaba. "Mi ideal es abarcarlo todo. Yo soy como una esponja".

El doctor Salomón no podía aprobar aquella táctica confusionista. "Ese hombre —decía— es un banquero sin escrúpulos. Se apoya en sus hermanos judíos para cotizar su influjo con los gobiernos. Si pudiera, nos vendería. Pero lo peor de todo es que es un *jamor.*"

Por aquel entonces, el doctor Sauer empezó a dar conferencias, a escribir artículos en los periódicos y hasta a publicar algún librito. Sus producciones eran de una vacuidad lamentable, que resaltaba más por el contraste con la firma doctoral. Doctor Leopoldo Sauer, Presidente del Colegio de Doctores. Parecía como si todos los doctores juntos hubiesen parido aquellas inepcias.

El doctor Salomón estaba avergonzado en nombre de la Ciencia y de Israel. Como siempre en tales casos, se le acentuaba el rojo natural de su cara y la papada se le volvía más voluminosa. Hubiérase dicho que se emborrachaba. Pero era sólo el ajenjo de la amargura el que le imprimía aquella rubicundez sospechosa.

Una noche, invitado en el palacio del doctor Sauer, hizo acopio de energías y a solas los dos, se permitió aconsejarle:

—Trabaja usted mucho —le dijo—. Debiera usted limitarse a la banca. ¿Qué necesidad tiene un hombre como usted de escribir? Un hombre de su altura tiene bastante con proteger escritores. Mecenas se hizo una fama inmortal por haber protegido a Horacio.

El asquenazí, conmovido y gozoso, le dijo:

—Es verdad. Acaba usted de darme una gran idea, que no sé cómo no se me había ya ocurrido. ¿Qué necesidad tengo yo de escribir? ¿Escribo en mis libros de contabilidad? No, y sin embargo el negocio de la banca es mío y yo soy quien avala lo que escriben mis contables. Pues eso mismo puedo hacer con los libros de literatura. Me los haré escribir y yo los firmaré. Y de ese modo, protegeré a los escritores.

El doctor Salomón quedóse tan estupefacto que no supo objetar nada a aquella interpretación del mecenismo.

Desde entonces empezó a advertirse cierta mejora en el estilo del doctor máximo. Al mismo tiempo empezó a dejarse ver a su lado en las reuniones su nuevo secretario, un andaluz pequeñito y ceceante, listo y desenvuelto, pero que tenía un hermano más listo todavía. El doctor Salomón pensaba: "¡Con tal que su nombre aparezca al pie de escritos razonables!".

El doctor Sauer mostrábase animado de una actividad extraordinaria. Incubaba en su mente grandes planes. Había fundado una revista para estar en comunicación con todos los sefardíes del mundo. En esa revista, él, don Leopoldo Sauer, Doctor máximo, les abría a los desterrados personalmente las puertas de Sefard. Del destierro a su palacio. Para toda clase de detalles dirigirse a él.

Y se le dirigían. Pero él, ayudado de su secretario, examinaba las cartas de sus correspondientes y cuando sólo expresaban sentimentalismos indigentes, apresurábase a contestar: "España es un paraíso, pero no venga usted a ella si no tiene asegurada una renta mensual de mil pesetas como mínimo". A los correspondientes que mostraban euforia económica animábales al viaje y al mismo tiempo les recomendaba su banca para toda suerte de operaciones financieras, depósitos, compras de acciones, etc.

El Doctor máximo y banquero máximo abarcaba el doble aspecto cultural y económico de la campaña sefardí y aspiraba a fundar un trust colosal, como si dijéramos, el "kartel" del amor de los sefardíes a España y de España a los sefardíes, que el Dr. Florido cantaba en tono lírico. El financiero traducía a guarismos las temperaturas de la fiebre amorosa que el Dr. Florido suscitaba. Lanzaba acciones de empresas gigantescas y fabulosas que dejaban atónito al nuevo Moisés.

—Por fin —decía éste, frotándose las manos con una expresión de hombre aterido, pues ya sabemos que tenía un entusiasmo glacial—, por fin hemos encontrado al hombre que nos hacía falta para financiar esta magna empresa patriótica.

En vano el doctor Salomón le advertía de los peligros a

que se lanzaba, diciéndole con su mansedumbre y su terquedad bovinas:

—Tenga usted cuidado, amigo mío; es arriesgado mezclar el amor con el dinero. Y además, usted va a ser causa de que los españoles se formen del judío la falsa idea de que es tan sólo un adorador del becerro de oro. Va usted a resucitar el antiguo concepto medieval que nos fué tan nefasto.

El Dr. Florido protestaba: —¡Cómo dudar de la filantropía del Dr. Sauer!

Por lo demás, la filantropía del Doctor-banquero era puramente nominal. El Dr. Sauer limitábase a especular sobre aquel reflejo de Rothschild, que constituía todo su prestigio, cuidando muy bien de salvaguardar sus millones. Su propaganda reclutaba adeptos entre los sefardíes lejanos y entre los modestos banqueros marroquíes, que suscribían sus emisiones. Y la empresa marchaba.

—Hemos de explotar económicamente los tesoros artísticos y culturales que la vieja Sefard encierra para los descendientes de los desterrados. Organizaremos colonias sefardíes, traeremos a España a los sefardíes en masa. Además, descifraremos todos los manuscritos hebreos que duermen en nuestras bibliotecas y archivos, ignorados, y los reeditaremos para bien de la Ciencia. Pediremos al Gobierno la exclusiva y nadie podrá leer a Maimónides, por ejemplo, sin pagarnos el diezmo. Y con los fondos que se recauden, ¿cuántas cosas grandes y útiles no podremos hacer? A usted, querido doctor, le rendiremos el homenaje práctico que se merece e inscribiremos su nombre en el Libro de Oro de Palestina.

Aquella idea de un *trust* editorial ejercía un hechizo particular sobre la parte doctoral de su alma de banquero. Se publicarían en él las obras de todos los sabios y poetas judíos de España y a todas ellas les pondría él sendos prólogos, con lo cual podría codearse con Gabirol y Yehudá ha-Leví y Maimónides. Merced a esos prólogos, iría montado en el estribo de la carroza de la gloria.

Además, como director de aquella editorial que lo abarcaría todo, vendría a ser como el presidente de una república literaria y todos los escritores trabajarían para él y según sus ideas y sería como un hombre que escribiese con mil manos. Y luego que realizase aquella enorme labor de cultura, ¿a ver qué academia le negaba la entrada? Las acapararía todas y aquellas asambleas de doctos y piadosos varones estarían presididas por un judío de pelo rojo.

Bajo el gobierno de la dictadura, propicio a todos los negocios, el Dr. Sauer empezó a desarrollar sus planes. Fundó su famosa editorial, congregó a la plana mayor de los escritores en solemne banquete y recabó el concurso de todos para su obra de cultura. Como es natural, todos se rindieron a sus promesas y a lo exquisito del menú. Sólo unos cuantos se abstuvieron, heridos en su delicadeza.

—Este hombre —decían— nos trata como a unos hambrientos. Lo primero que hace es echarnos de comer.

Los periódicos de la derecha publicaron artículos alarmados.

"El oro judío empieza a actuar entre nosotros con sus fines eternamente reprobables. Un sindicato de financieros judíos acaba de fundar una editorial que paga espléndidamente, con objeto de sobornar a los escritores y apoderarse del control del pensamiento no-judío. Se trata del primer intento de judaizar la conciencia de nuestro país. Empiezan a cumplirse entre nosotros los pérfidos planes de dominación universal de "Los protocolos de los sabios de Sión".

Para responder a esas insidias, el Dr. Sauer tuvo la idea maquiavélica de interesar en su empresa de cultura al capital cristiano y hasta puso un cura católico al cuidado de la caja de la flamante institución.

El Dr. Sauer, halagado en su vanidad por su secretario y por el cura, no escatimaba gastos. La editorial publicaba libro tras libro, obras de clásicos y de modernos, con preferencia de carácter católico. La primera obra que se publicó fué una del propio Dr. Sauer, dedicada a estudiar la mística española, salvo un apéndice en que el autor exponía una breve y profunda interpretación de la Cábala, para que se viera que en el mundo de la mística no había nada que le fuera desconocido.

Por desgracia, un autor despechado por no haber sido incluído entre los invitados al ágape inicial, publicó en un diario prestigioso un artículo irrebatible, demostrando que aquel estudio sobre la Cábala era una copia literal de otro publicado un siglo antes por un sabio presbítero y en prueba de ello reproducía a dos columnas los respectivos textos. "En conclusión —decía— podría llamarse plagiario al Presidente de nuestros doctores, si lo que ha hecho no fuese sencillamente un robo".

Aquella noche el Dr. Sauer y su secretario tuvieron un serio disgusto.

—Otra vez elija usted mejor —intimóle aquél—. Todavía lo de plagiario resulta elegante. Pero lo de ladrón ... ¡Si siquiera hubiera dicho cleptómano! ...

Pero aquel leve contratiempo no arredró al Dr. Sauer, que atribuyó lo ocurrido al odio antisemita, orlándose con cierto nimbo de martirio.

—Pero a pesar de ello, no cejaremos en nuestro propósito de dar a conocer a este pueblo, que las ignora, las obras profundas, insuperables de los antiguos escritores judíos de la península.

Y siguió publicando novelas pornográficas, "secretarios

de amantes" y manuales relativos al arte de hacerse amar locamente.

—¿Pero cuándo va a tocarle el turno a nuestros sabios? —suspiraban los sefardíes.

—Hay que huir de todo sectarismo —dogmatizaba el Doctor máximo—. Además, ¿qué nos importa el tiempo? ¿No lo vamos a abarcar todo? Todo el pensamiento judío y todo el pensamiento español va a pasar por nuestras rotativas. ¡Un poco de paciencia, señores!

Pero el Dr. Sauer —ya lo había dicho su correlegionario el Dr. Salomón— era un *jamor*. No se daba cuenta de que, mientras él se embriagaba de halago y de lisonja, sus adláteres en la dirección de la empresa se embriagaban de licores finos y ancas de rana mecanógrafa. El dinero y el champaña corrían con la misma profusión en las orgías de que el chalet, donde radicaba la editorial, era escenario nocturno.

En cambio, a los escritores no se les pagaba y en vano asomaban a las ventanillas de la Caja sus caras famélicas.

A todo esto, el Presidente de los doctores, cada vez más eufórico, mandaba comunicados oficiosos a la prensa judía de todo el mundo sefardí, haciéndose pasar por un Disraeli al par que por un Montefiore, un Mecenas judío, gracias al cual el gobierno español proyectaba la repatriación en masa de los sefardíes, a los que les serían devueltos los antiguos bienes de sus padres. Al mismo tiempo, cotizaba con el dictador su prestigio judaico, para obtener de él privilegios y exclusivas que sólo aprovechaban a sus asociados.

Hasta que llegó el momento de la catástrofe. Cayó el dictador. Vino la República. El falso poderío del banquero hundióse con el régimen en que se apoyaba. Y un día, los interventores judiciales hicieron su aparición siniestra en el palacio del financiero. El Dr. Sauer, a pesar de todo su maquiavelismo, había comprometido millones que no eran suyos, sino de sus mandatarios, los Rothschild. Éstos le retiraron su confianza y la banca Sauer cerró sus seculares taquillas.

En el chalet editorial hubo un derrumbe de libros, que llegó hasta el arroyo, donde los recogieron los vendedores ambulantes. El *crac* financiero del Dr. Sauer obró el milagro inesperado de que un libro se vendiera en las calles más barato que un plátano y los consumieran el obrero y la modistilla, que nunca se habían podido permitir el lujo de ese postre cultural en su mesa.

Pero los escritores veían con ojos tristes e iracundos ese festín literario a costa de su hambre. El derrumbe de la ingente editorial había alterado toda la economía del libro. Las demás editoriales habían suspendido casi por completo su actividad en espera de que pasase aquella ola de funesta abundancia, ya que no podían tirar los libros al agua como se tira una superproducción de café o de azúcar. Por el momento, los escritores podían colgar sus plumas e ir a engrosar el ejército de los parados.

—Ese hombre —decía el Dr. Salomón, refiriéndose a su colega el Dr. Sauer— ha sido más funesto al judaísmo que todos los inquisidores. Su sola figura es un cartel antisemita. Ha desacreditado toda nuestra obra en pro de la rehabilitación del nombre judío en Sefard. Ahora, los españoles pensarán que todo judío es un financiero fraudulento, un especulador. ¿De qué servirá para desmentirlo la labor de unos cuantos hombres sencillos y abnegados?...

"Y lo peor es que a pesar de todo, arruinado, desprestigiado, ese mixtificador es sin embargo un judío y habrá que sostenerlo por el propio decoro. Y seguirá figurando siempre al frente de toda iniciativa sefardí, y seguirá presidiendo todos los homenajes a nuestros sabios y todas nuestras empresas de cultura y en todas partes estará siempre con su petulancia rozagante de hermoso animal, desluciéndolo todo con su sola presencia, cambiando el oro en latón, mixtificándolo todo eternamente porque ésa es su misión. Ya lo dijeron nuestros sabios:

"¡Un *jamor* es una calamidad en Israel!"

INGENUIDAD

EL Dr. Salomón, el glorioso representante de la ciencia
judía, había venido a tierras de Sefard desde la Ger-
mania, animado del anhelo de reanudar la noble tradición
de sus antepasados los sabios rabíes españoles, anteriores al
éxodo. No era numeroso el bagaje del ilustre viajero; pero
en él figuraba un enorme cofre, pesado y sólido, honor de
la industria germánica, todo él atestado de libros. En el mo-
desto alojamiento del sabio, aquel cofre de tesoros cientí-
ficos era un gran estorbo; ocupaba lo más de la habitación
y era demasiado alto para que los visitantes pudieran sentarse en él. El Dr. Salomón estaba profundamente con-
tristado. ¿Qué hacer con aquel ingente archivo de la cultura oriental? ¿Dónde colocar que no estorbase aquella arca
de la sabiduría, cruzada de sólidas correas como de sellos
solemnes e inviolables? Pero, en aquel apuro del sabio, vino
a socorrerle su correligionario, el Sr. Farsi, oficioso y solícito, hombre de recursos, todo lo contrario de un sabio;
pues el señor Farsi se había dedicado desde joven a los negocios y representaba el sentido práctico de la raza. Es-
pontáneamente brindóle su casa al Dr. Salomón para albergar aquel cofre atestado de ciencia rabínica que le inspiraba

un supersticioso respeto. Él, casado, sin hijos, tenía habitaciones de sobra donde el enojoso baúl podría reposar cómodamente; de esa suerte tendría allí toda la ciencia del Dr. Salomón, es decir, toda la sabiduría de Israel.

Se lo propuso al sabio, que aceptó conmovido aquella hospitalidad generosa, y quedó convenida la traslación del cofre. Sin embargo, en el último instante uno y otro manifestaron ciertos recelos. El Dr. Salomón hizo constar que el cofre había de permanecer hermético, guardando él la llave. Por su parte, el Sr. Farsi quiso cerciorarse de que su docto correligionario no había de tomar su casa por una biblioteca, quedando completamente satisfecho cuando el Dr. Salomón le hubo asegurado que los manuscritos que allí se encerraban no le eran necesarios por el momento, pues aún por desgracia estaba muy lejano el día en que pudiese dedicarse a ordenar sus prolijos comentarios sobre el Pentateuco e ilustrarlos con sabias apostillas.

Luego, ya el cofre en casa del Sr. Farsi, mientras los mozos se enjugaban el sudor que arrancara de sus sienes aquel cargamento de sabiduría, hubo una ligera discusión entre los dos amigos. El Sr. Farsi era partidario de introducir el cofre en alguna habitación interior, donde tuviera discreto acomodo, en tanto el Dr. Salomón porfiaba por que quedase en el recibimiento, al lado del perchero, haciendo veces de ese arcón antiguo con que se suelen adornar las antesalas. Tenía un miedo pueril a que su amigo le secuestrase sus valiosos comentarios y hasta se engalanase acaso con aquellas galas ajenas, pues el Sr. Farsi tenía sus pruritos de escritor y efectivamente había escrito cierta interpretación de la Cábala, copiándola del docto trabajo de un cura católico, al que había devuelto la vejación de los expolios inquisitoriales.

El Sr. Farsi accedió a la demanda del sabio, sin gran opo-

sición. Aquella obra maestra de la industria germánica tenía una apariencia respetable, casi de altar, de Arca de la
Alianza, con aquellas flamantes y gruesas correas que a
modo de sellos inviolables la cruzaban. Y el arca de la sabiduría quedó en el recibimiento, prestándole cierto decoro,
con ese aspecto misterioso que tienen siempre los grandes
cofres. Éste del Dr. Salomón parecía el de un taumaturgo
de circo, excitaba la curiosidad de los visitantes, de los amigos del Sr. Farsi, judíos de aire humildoso que se hacían
pasar por extranjeros ante las criadas y a los que aquél, an-
ticipándose a sus preguntas, les decía:

—¡Aquí está encerrada toda la sabiduría del Dr. Salomón, toda la Ciencia de Israel!

En la amplia casa del Sr. Farsi, el ingente arcón no era
molesto, ocupaba muy discretamente su sitio y el noble caballero sefardí, descendiente de los retratos del Greco, ufano siempre de ser útil a sus hermanos, ejerciendo una suerte
de legación judía en Sefard, sentíase satisfecho de haber
brindado hospitalidad a tan cómodo huésped y se regocija-
ba con su esposa, la pelirroja Ruth asquenazí, pensando que
había hecho una buena obra que Jehová le recompensaría
sin duda, pues hospedar a un arcón de ciencia rabínica era
tanto como hospedar a un sabio trashumante; tan meritorio
y menos molesto. Él era así. Jehová le había afincado en
tierras de Sefard para que ayudase a sus hermanos de otros
países, peregrinos en este solar de sus abuelos...

Pero el Sr. Farsi no había pensado en la atracción que un
cofre lleno de libros y manuscritos ejerce sobre un sabio,
aunque de momento no los necesite. Desde que el Dr. Salomón tenía allí depositado el cofre de su ciencia, la caja
de caudales de su sabiduría, sentía una terrible nostalgia
de verlo a cada instante, de comprobar el hermetismo de sus
cerraduras, de hundir sus manos en aquellos tesoros de pa-

pel. Entrábanle a veces sobresaltos de avariento temeroso de ser saqueado o súbitas efusiones de devoto, y no pasaba día sin que fuera —dos, tres veces, como él decía— a casa de su amigo, a examinar y revolver aquellas monedas de ciencia. El Sr. Farsi, hombre correcto, le había dicho:

—Puede usted venir cuando quiera a revisar sus papeles, si necesita tomar alguna nota—. Y el sabio candoroso hacía uso del ofrecimiento en toda su amplitud. Iba a rebuscar en sus papeles dos, tres veces al día. Y como la señora de Farsi, que era alemana, creyese deber suyo atenderlo en ausencia del marido, salía a saludarlo al recibimiento y ambos hablaban en alemán, apoyados en el borde del cofre como en el brocal de un pozo del desierto. Hablaban de cosas ingenuas, de las tartas y las salchichas germánicas de que ambos estaban nostálgicos, cuando no de cosas puramente científicas, pues el Dr. Salomón era absolutamente casto y se consagraba absolutamente a la Ciencia, en espera de encontrar una correligionaria que fuese inglesa, y rica, para realizar entonces con ella un milagro eugenésico.

Pero la primera vez que el Sr. Farsi, que ignoraba los altos designios nupciales del sabio, al entrar en casa inopinadamente una tarde, encontró en el recibimiento a su esposa y al Dr. Salomón conversando en aquella actitud de estampa bíblica, frunció el ceño, iracundo cual si los hubiese sorprendido en adulterio. Sus celos de meridional despertáronse con súbita violencia. Disimuló sin embargo, haciendo gala de su mundanidad británica, y limitóse a manifestar su asombro:

—¡Cómo! ¿Usted por aquí?

Y en seguida sonrió:

—¡Ah, vamos, sí! ¡Ha venido usted a revisar sus papeles!

—¡Eso! —asintió el Dr. Salomón, mirándole con sus grandes ojos inocentes, mansos y bovinos.

—Muy bien, muy bien. Pues siga usted tranquilamente que nosotros tenemos que hacer dentro.

Y se llevó consigo a la pobre consorte, oprimiéndole el brazo hasta magullárselo.

Aquella noche, Ruth la asquenazí no pudo dormir. El Sr. Farsi le había armado una escena de celos shakesperiana. ¡Conque también se entendía con el Dr. Salomón, con aquel alemanote estrafalario que eructaba una ciencia apestosa a *choucroutte* y cerveza, que abría las puertas con el hombro y tenía unos pies tan enormes que llegaba con ellos a todas partes!

La señora de Farsi protestaba:

—Pero Isaac, ¿no ves que tú mismo te condenas? Dices unas cosas que no pueden creerse. ¿Quién va a tener unos pies tan largos? Todo lo que dices es lo mismo. Tú supones que un alemán, sentado en el pico de una mesa, puede pisarle los pies a la dueña de casa, situada en el otro pico. Eso no es más que una *eksakegación* y una calumnia. Debería darte vergüenza, Isaac.

Pero D. Isaac no se avergonzaba de sus celos africanos, naturales en él que, después de todo, era marroquí de origen. Y murmuraba con trágico sarcasmo:

—Ése ha metido aquí el cofre para tener un pretexto de venir a verte, en mi ausencia. Se cree que yo me chupo el dedo; pero yo sé de sobra el Pentateuco que viene buscando. Ahora que ya le daré yo Pentateuco.

—Por Dios, Isaac, no hagas tú nada. Que ya le diré yo que no venga. Qué *hogog*. ¡Tratar así a un sabio, que honra a todo Israel!

El conflicto terminó así por el momento, ante la promesa de Ruth de alejar de allí al sabio. Pero en los días siguientes, el Sr. Farsi, al entrar en la casa, miraba siempre con recelo al ingente cofre que seguía allí, incólume como una fortaleza. Mientras el cofre continuara allí, el Dr. Salomón tendría derecho a entrar en la casa.

—¿Pero cuándo se va a llevar de aquí ese mamotreto? —preguntaba el Sr. Farsi a la esposa.

Ruth le contestaba:

—Ten un poco de "pasiensia", hombre. Ya ha dicho que se lo llevará. Aunque después de todo, honrado te debías considerar con tal depósito.

—Bueno; pues, renuncio al honor. Que se lo lleve cuanto antes...

Pero un día, al entrar en casa el Sr. Farsi, encontróse allí otra vez con el sabio teutón.

Éste acababa de cerrar el cofre y se estaba en aquel momento despidiendo de la pelirroja Ruth.

Al ver al Sr. Farsi, saludóle alborozado y le dijo:

—¡He venido a depositar una nota importante, que aclarará muchos pasajes oscuros del Pentateuco!

—¡El Pentateuco! —exclamó sarcástico el Sr. Farsi—. ¡Usted viene aquí por el Pentateuco! ... Dejémonos de farsas y llamemos las cosas por sus nombres. Usted no es un sabio, sino un vulgar tenorio...

—¡Isaac! —imploró la esposa, alzando hacia él sus ojos de un terror de pogrom ruso, bajo los rojizos cabellos, como chamuscados—. No te dejes llevar de la iracundia. El doctor Salomón es un sabio y yo soy una *mujeg* honrada.

Pero el Sr. Farsi no la oía. Reía con risa sarcástica y seguía apostrofando al sabio.

—Para eso trajo usted aquí el cofre: para tener un pretexto de entrar en mi casa a toda hora ¿no? ¡Así ha pagado usted mi hospitalidad!

Ingenuamente, el Dr. Salomón dijo:

—Yo no he venido más que dos, tres veces al día...

¡Dos o tres veces al día! ¡Y le parecía poco! D. Isaac crispó los puños y rechinó los dientes.

—¡Pues ahora mismo se va usted a ir de aquí y no va a volver en la vida, entiende!

El Dr. Salomón lo oyó asombrado. Instintivamente se apoyó en su cofre, dispuesto a no separarse de él mientras el aliento vital no le faltase. No podía pensar sino que todo aquello era una estratagema para confiscarle sus doctos tesoros y apropiarse la paternidad de sus fecundas vigilias.

La pobre Ruth clamaba:

—Isaac, te *guro* que también esta vez te equivocas. Me matas con tus *selos*.

¡Celos! El doctor Salomón no salía de su asombro. ¡Un judío podía sentir celos! Aquello era tan insólito, que por un instante pensó si no se trataría de una broma. Pero el señor Farsi apresuróse a darle a entender que no era así.

Había puesto su mano sobre el cofre y lo zarandeaba violento.

El doctor Salomón volvió a sentir la alarma de las incautaciones. Sí, eso era; quería quedarse con sus manuscritos, que representaban una gloria científica y para eso había armado toda esa comedia. Y se aferró más a su tesoro. El señor Farsi le increpaba irónico:

—¿Pero es que no entiende usted el castellano? ¿No ha oído usted lo que le han dicho? ¿A qué aguarda para irse?

Con reposada dignidad, el doctor Salomón declaró:

—Este cofre es todo mi bagaje científico. En él se encierra parte de mi alma. De aquí no me moveré sino con él...

Y mostraba todo el aire de estar dispuesto a morir defendiéndolo.

Pero el señor Farsi disipó sus temores:

—Bueno; pues entonces se va usted a ir ahora mismo...

Llamó a la criada y le ordenó:

—Pronto ¡un mozo de cuerda!

La criada trajo dos de la esquina próxima. Cuando el doctor Salomón los vió llegar, y oyó que el señor Farsi les mandaba cargar con el cofre sagrado, no tuvo más remedio que desechar la hipótesis de la confiscación. Pero entonces ¿era verdad lo de los celos? Atónito, pasmado, miraba al señor Farsi con sus grandes ojos, mansos e inocentes como ovejas de las arcádicas campiñas de los libros. Se adivinaba que estaba haciendo horribles esfuerzos de imaginación. Por último, como ya se iban los mozos cargados como levitas con aquel Arca de la Alianza científica, fuése tras ellos, murmurando:

—¡*Nervös! ¡Nervös!*

Pero siempre que luego contaba el doctor Salomón este episodio, dejaba entender que no había abandonado del todo la idea de haber estado a punto de ser víctima de un *chantage* con fines de despojo científico. Los celos le parecían una cosa absurda, propia sólo de *góyim,* a su alma candorosa de sabio talmúdico.

MELAMED EL SCHOFAR

ELAMED era el *schofar**** de aquella reducida comunidad israelita, perdida en el seno de la muchedumbre incircuncisa en la dulce tierra de Sefard, apenas recobrada por los hijos de los patriarcas después de los tristes siglos del éxodo. Era una comunidad pequeña y tímida, formada por unos cuantos emigrantes que, huyendo del Egipto nevado —de esa Rusia donde imperaba el faraón de hielo— habían ido a refugiarse a la Sefard de sus antepasados, donde ya un fresco soplo de cordial primavera había extinguido las hogueras antiguas. Los que componían aquella comunidad eran todos oriundos del mismo blanco país, que sus largas barbas negras tachonaban de lises oscuras; mercaderes en piedras preciosas o en ropas viejas, pero hermanos todos en la tristeza y la esperanza de Israel, que vivían en estrecha amistad y a falta de doctos rabíes, diplomados en París o Londres, desempeñaban ellos mismos los oficios del culto en aquella sinagoga improvisada, escondida en el centro de una calle mercantil y hervorosa, donde la gente caminaba a prisa.

Al distribuirse los cargos del oratorio, estuvieron todos

* El autor se refiere al *Tokea* o *Baal Tokea*, persona encargada de hacer sonar el *schofar* en las festividades judías. (Nota de la Editorial.)

unánimes en concederle a Melamed el de *schofar*, pues no leía el hebreo con la perfección de su colega Salomón, el mercader de gemas, ni tenía tampoco la voz cadenciosa de Yoschúa, el ropavejero de aire de poeta, ni era, finalmente, capaz de otra cosa que de hacer vibrar el simbólico cuerno, trasunto de aquel que en otro tiempo hinchieran con su hálito sagrado los levitas, para convocar a las doce tribus del pueblo de Israel acampado en el desierto a fin de comunicarles los decretos de Dios. Él había sido ya *schofar* en la aldea rusa, en que hasta entonces viviera; era práctico en tañer aquel cuerno de macho cabrío que ahora en la fiesta solemne y luctuosa del Día de la Expiación suena bronco y terrible en las sinagogas para recordar al pueblo elegido y diezmado, acampado en las tierras del éxodo, que Adonay es siempre su Dios y que Adonay es uno; y su hálito fervoroso, empavorecido por la severa liturgia de tal día, en que los hijos de Israel confiesan sus culpas con la frente postrada en el polvo antiguo de las sinagogas, sabía infundir al tosco caramillo resonancias profundas que conmovían los corazones y arrancaban llanto de contrición a los ojos corvinos.

Así que, cuando recordando sus amigos su piadosa destreza, le consagraron *schofar*, aceptó Melamed con místico alborozo aquella designación que le erigía en voz de los levitas y como de Adonay mismo, el día que se digna comunicarse con su pueblo y escuchar y perdonar sus culpas; el día tremendo y dulce al mismo tiempo de la Expiación, en que acaban los días y los pecados del año y una nueva esperanza prende su flor de almendro sobre el luto secular de Israel.

Era Melamed hombre diligente y aunque todavía era *Kipur* lejano, fuése preparando desde luego para cumplir con brillantez su solemne misión en el sagrado día. Procuróse un cuerno de macho cabrío que adobó y arregló con prolijo cuidado hasta hacerlo ritual y sonoro —cual los an-

tiguos caramillos—, y desde mucho antes de la fiesta luctuosa y clemente —granaban entonces apenas las gavillas y
los racimos que se ofrendan en la Fiesta del Tabernáculo—
aplicóse ya a ensayarse en el místico —y rudo— instrumento,
que sólo ha de vibrar una vez al año, en el último día de
las semanas, cual si fuese el lamento supremo del año moribundo. Vivía Melamed en los arrabales de la ciudad, en
una casa moderna, donde le consideraban simplemente
extranjero, sin presumir en él otra particularidad, pues ya
los nietos de los inquisidores habían perdido el recuerdo de
las efigies judaicas por haber fundido en las hogueras el
metal de su medalla antigua; ocupaba Melamed con su familia uno de los últimos pisos, y para no atronar la casa y
excitar la curiosidad de los vecinos, salíase por las mañanas a los descampados próximos, y allí, en aquellas so-
ledades, entre desmontes y yermos de arena, que le recordaban los antiguos parajes en que vibrara el conjuro de los
levitas, probaba la fuerza de su hálito en el cuerno sacerdotal, que ha de producir un mugido profundo, como el
de la víctima sacrificada, ese mugido que recuerda la letra
ayin en el alefato semítico.

Soplaba Melamed con todas sus fuerzas en aquella trompeta primitiva, imaginando que ya se erguía agigantado
por sobre el río de lágrimas y bajo el esperanzado arco iris
del día de la Expiación y del Perdón, y que su llamamiento
dirigíase, no a la reducida comunidad de sus amigos, sino
a todos sus hermanos del éxodo. Alentaba con todos sus bríos
sobre aquel despojo de una víctima y luego deteníase a
escuchar la prolongación de sus ecos, con el aire de mirarse su sombra... Pero era ya Melamed hombre que llevaba su juventud zaguera; el espanto de los pogroms y
las privaciones sufridas en la emigración habían mermado
grandemente sus energías antiguas; hubiérase dicho que el

horror de haber presenciado tantas muertes de hermanos
suyos y los saqueos y las rojas auroras de llamas en las noches del ghetto, había amenguado la voz en su garganta.
Dolíale el pecho al alentar, y el sonido que había de salir
bronco y profundo, remedando ese trueno entre cuyo fragor gusta de hablar la voz divina, salía débil y desmayado
del clarín levítico.

Y Melamed se afligía, no tanto de aquellos signos de su
caducidad, cuanto por el temor a no producir en el día
solemne, con la fuerza debida, el trasunto de ese son lamentoso y rugiente que ha de herir los oídos de los israelitas, postrados en un polvo de siglos. Se afligía y se esforzaba por lograr la modulación requerida, sobreponién-
dose al dolor de su pecho y a la fatiga de su hálito. Y no
decía nada de sus aprensiones a sus deudos ni a sus amigos,
temeroso de que éstos lo desposeyesen de su trofeo de levita y le privasen de la gloria de simular con su pobre
soplo humano el trueno de Adonay. Pero a sus solas implo-
raba al Dios de los dispersos para que le prestase bríos y
corroborase su hálito, a fin de que la vez primera que aquel
cuerno sagrado había de sonar en Sefard, después de los
siglos del éxodo, vibrase tan potente que fuese oído hasta
en el último rincón de la tierra donde aún hubiera un
triste descendiente de los expulsados...

Así, en esta congoja vió Melamed acercarse la sombra
que los lutos de *Kipur* proyectan sobre el mundo judaico.
Y a medida que se agrandaban esas sombras, se hacía mayor
su angustia. Aprensión o caducidad efectiva, sentíase muy
enfermo, el pecho le dolía como el sitio de un golpe, y al
alentar faltábanle las fuerzas y parecía cual si fuese a
quebrársele el hilo maravilloso de la respiración. Pero Melamed a nadie se quejaba, temeroso de ser despojado de su
prerrogativa y oraba fervorosamente, esperando de Adonay

un milagro en ese día único en que la clemencia triunfa de su severidad y el maná del perdón llueve de su mano extendida sobre la tribu errante por el desierto de los siglos. Y cuando los amigos que observaban su creciente fatiga, le preguntaban para sondearle: "¿tú serás el *schofar*, no es eso?", se apresuraba a asentir con alarmada premura, aunque su íntima atribulación aumentase. Comprendía que todos estaban pendientes del modo como sonaría el clarín levítico, tañido por él la primera vez que vibraba en Sefard, después de los siglos del éxodo, en prueba de que nuevamente había allí hijos de patriarcas a quienes convocar a la oración, sin contar el pueblo de mártires, sepultados en tumbas ignoradas.

Comprendiéndolo así, sentía Melamed toda la responsabilidad de su misión y veía con un susto sagrado llegar las sombras del luctuoso día. Y cuando estas sombras llegaron y Melamed, en el templo enlutado y oscuro, ocupó su sitio ritual, pronto a desempeñar sus funciones de corneta del Altísimo, todos sus miembros temblaban de místico pavor. Estaban allí todos los hermanos reunidos —todos los hermanos de raza que habían bebido la leche amarga del destierro y componían una familia sola—, en aquel oratorio, pequeño y íntimo, como un hogar caldeado por la brasa de la tradición. Ya Salomón, el mercader de gemas, había mostrado, meciéndolo sobre su pecho, a la sombra de sus largas barbas, el rollo sagrado de la Ley, y Yoschuá, el ropavejero, de aire de príncipe y voz dulce de poeta, recitado las preces rituales, y todos, con la frente postrada en el polvo, derramando esas lágrimas que vivifican la aridez del éxodo y van a unirse con las aguas de los santos ríos del Paraíso, aguardaban los tres toques del simbólico cuerno, que ha de vibrar tres veces, vuelto hacia el lado de la tierra sagrada y perdida, donde se alzó un día el Templo incomparable.

Melamed requirió el sacerdotal caramillo y aplicó a él sus labios que temblaban. Temblaba también todo su cuerpo, y asimismo se estremecían sus hermanos, en medio de su éxtasis de fervor, temiendo que aquel esfuerzo costase, si no la vida, una efusión de sangre —nueva circuncisión— al enfermo Melamed. ¿Iría el cuerpo de la víctima a ser emblema de un verdadero sacrificio? Y además ¿vibraría con toda la majestad terrible, con el mugido sobrehumano con que debe sobrecoger los corazones, o se truncaría de pronto en un torpe lamento? Pero ya Melamed hacía vibrar aquella trompa de halalí, empleando todas sus fuerzas, aun a riesgo de convertirse en un cáliz de sangre. Sonaron los tres toques recios, profundos, retumbantes y largos, como los tres bramidos de un toro divino. Melamed tenía la conciencia de su misión y alentaba con todas sus energías con el ensueño loco de ser oído en los cuatro confines de la tierra donde puede haber un hijo de Israel, solitario y triste, y anunciarle la presencia de sus hermanos y alegrar su alma.

Alentaba con todas sus fuerzas, hinchando de aire sus carrillos pálidos, con la avidez de quien va a exhalar su último suspiro; y la postrer vibración de la bárbara bocina salió roja de sangre. Melamed estaba lívido y tuvo que apoyarse en el muro para no caer. Pero él no atendía a su fatiga. Rendido, agotado, lo único que lo acongojaba era el temor de no haber sido oído, de no haber simulado bien el fragor de aquel trueno antiguo con que en otro tiempo habló la voz divina, de no haber recogido en su cuenco sonoro todo el sagrado espanto de aquel tremendo y misterioso Día de la Expiación...

Pero en aquel instante sucedió algo milagroso. La puerta del oratorio abrióse bruscamente y Melamed, desde su tribuna, fijó en ella los ojos con inmensa avidez, por ver quien era el visitante... ¿Acaso el profeta Eliyahu...? ¿O la sombra espantable de Torquemada o Arbués? Melamed tuvo un momento de alarma... Estaban en Sefard...

Pero en seguida un sentimiento de místico júbilo llenó su corazón. El recién llegado no era otro que el anciano doctor Heiler, el famoso médico judío, que tenía toda la estampa de un rabino talmúdico de los ghettos de Polonia, de los que pierden la vista estudiando la Torá y sin embargo era racionalista y ateo, y no quería acordarse para nada de su judaísmo, pues había cambiado a Adonay por la Humanidad. Era el único, además del banquero Sauer, que se había negado a contribuir con nada para el oratorio y despedido con gesto brusco a los que fueron a hablarle de ello.

—Yo no quiero saber de eso; yo no soy judío; yo pertenezco a la "Humanitat" y mi Biblia son los Derechos del Hombre...

Pues bien; ahora el doctor Heiler, pequeñito, menudo, con sus melenas y su barbita rojizas por entre las canas, con su plastrón, su chaqueta y su chistera, como los doctores del siglo XIX, entraba en el oratorio, con su libro en la mano, lenta y suavemente, lleno de timidez y encogimiento, volviendo a uno y otro lado sus ojos pequeños, vivos y escrutadores, en demanda de un sitio. Todos se levantaron para cederle el suyo.

Melamed, enajenado de mística emoción, lloraba de gozo y daba gracias a Adonay, por haberse valido de él para atraer al sabio impío. Su *schofar* había despertado en él su alma judía bajo un disfraz europeo. Aquel triunfo valía bien el agudo dolor de su pecho hundido y los vitales rubíes de su hemoptisis. ¡Su sangre toda, su vida entera, habría dado Melamed por ello!

DEMASIADO AMOR

Desde que llegó a Sefard, su mejor, su único amigo, era un cura católico que conociera en cierta visita a un templo de arquitectura famosa, en que le sirvió de cicerone amable.

Se sintió atraído hacia él desde el primer momento por una simpatía que se mezclaba a un extraño sentimiento de aversión. En su interior protestaba: ¿Cómo, judío de raza y de fe, podía simpatizar con aquel representante actual de los antiguos inquisidores?

Y sin embargo, era así. El curita era su amigo, su confidente, su acompañante en los paseos por la ciudad. Y el sacerdote parecía encantado también de tal camaradería. A veces él pensaba:

—¿Pero cómo no nota que yo soy judío, cómo no percibe en mí el olor de la raza, calcinada en sus hogueras?

Pero no; el *pater* no percibía nada. Le tenía simplemente por un extranjero y no se preocupaba de más. Incluso lo invitaba a acompañarle a las ceremonias de su iglesia y le explicaba, a instancias suyas, las simbólicas particularidades del culto católico. Y el judío lo escuchaba atento y silencioso. Descubría en su interior una curiosidad extraña

que venía sin duda del fondo de los tiempos, por penetrar
los secretos de la religión enemiga, por ver de cerca sus
misterios, por rozarse con sus ministros. Los contemplaba
largamente y pensaba con un calofrío de voluptuoso terror:
"Así serían los hombres que llevaron a la hoguera a mis
ascendientes, iguales a éstos, casi estos mismos y yo los tengo
aquí al alcance de mi mano, casi toco sus anchos pescuezos
y sin embargo ellos no adivinan mi judaísmo ni yo hago
nada por vengarme..."

Y se extasiaba ante este pensamiento que lo enternecía
y avergonzaba. ¡Cuántas veces estuvo a punto de lanzar
una palabra de iracunda protesta, un grito de condenación
y rebeldía, de salir clamando, ante ciertas palabras del cura: "tenga usted en cuenta que yo soy judío!".

Pero se contenía siempre, porque el otro era de un candor maravilloso y le repugnaba herirle. ¿A qué recordarle
viejas historias ya olvidadas? Y además, que el placer del
juego consistía precisamente en ese secreto en que se man-
tenía, en ese placer peligroso de pensar que saltaba sobre
una hoguera y podía quemarse en ella como sus abuelos.

Y seguía tratando al curita con el mismo afecto ambiguo. Era una necesidad extraña de su compañía, de su voz
meliflua y no obstante dogmática, que lo incitaba a una
protesta nunca formulada, y sobre todo, el raro placer de
pensar: "¡Si supiera de pronto que yo soy judío, qué salto
daría!".

Pero no; no podía imaginárselo. ¿Cómo suponer que aquel
joven tan fino, que tanto se interesaba por las cosas católicas, fuera un hijo de la Sinagoga? Y él, como adrede,
exageraba su pía curiosidad, haciendo al eclesiástico preguntas que le permitían hacer alarde de su saber teológico.
Un día le habló de los herejes y de su suerte en el otro
mundo.

—Todos infaliblemente se condenan —repuso el clérigo—. Fuera de la Iglesia no hay salvación.

El israelita fingió un temblor de espanto. —¿Y si yo le dijera que soy judío?

Otro día tocó concretamente, aunque mostrando un interés abstracto, el tema de los judíos. ¿También se condenaban?

El sacerdote le explicó: Los judíos no eran propiamente hablando, herejes, pues no habían formado nunca parte de la Iglesia. No era forzoso que se condenasen, sino en el caso de que hubiesen tenido ocasión de aceptar el bautismo y lo hubiesen rechazado. Por eso la Iglesia se esforzaba por convertirlos, para que no pudiesen alegar ignorancia.

Eso quería decir que él se condenaría, ya que tan cerca había tenido un sacerdote católico y no le había pedido el bautismo. ¡Cuánta soberbia! Tentado estuvo de quitarse aquel día la máscara y proclamar valientemente su fe. Pero la tentación más grande fué otro día, en que interrogó al eclesiástico sobre la opinión que le merecían los antiguos autos de fe inquisitoriales. El curita le contestó:

—La Inquisición, amigo mío, apelaba a remedios heroicos, llevada de su celo por la salvación de las almas. Quemaba a los judíos en este mundo, para que no ardiesen eternamente en el otro. Esas llamas de las hogueras eran llamas de amor. ¡Aquéllos eran tiempos de fe!

¡Qué ocasión perdió el joven sefardí aquel día! Pero se contuvo también por un espíritu de esteticismo refinado. Reservaría la revelación para lo último, para el día de la despedida. Así haría más efecto.

Y siguió tratando al clérigo con la misma asiduidad afectuosa. Con frecuencia iba a buscarlo al templo y más de una vez, por indicación suya, llevó un cirio encendido en alguna procesión religiosa. El sacerdote parecía considerarlo ya como uno de los suyos. Se lo presentaba a otros clérigos y hasta lo habían inscripto en una cofradía. Y el judío pensaba con un placer secreto y por eso mismo más voluptuoso: "¡Qué sorpresa cuando al fin me vaya de Sefard y al despedirme le revele mi misterio!". Y aguardaba ese día con morbosa impaciencia.

Hasta que al fin, evacuados los asuntos que le trajeran a Sefard, el joven israelita fué a despedirse de su amigo el sacerdote católico. Y al estrecharse las manos por última vez, el joven, con aire de reto, le dijo:

—Antes que nos separemos, acaso para siempre, he de revelarle a usted un secreto. Yo soy judio.

Pero el eclesiástico lo oyó sin inmutarse y con la más fina sonrisa le dijo:

—Ya lo sabía.

—¿Que lo sabía usted? ¿Quién se lo dijo?

Tornó a sonreír el clérigo.

—Si no me lo hubieran dicho sus facciones semíticas, me lo habría hecho pensar el interés que usted mostraba por las cosas de nuestra religión. Hoy un católico no se interesa por nada de eso. Sólo un hereje o un judío puede sentir tales curiosidades.

—Pero si me adivinaba usted ya judío ¿cómo no me vedaba la entrada en el templo, cómo no me hablaba por lo menos de conversión?

El cura contestó melifluo.

—¿Para qué ahuyentarle? Ustedes los judíos descendientes de los desterrados, sienten la querencia de la Iglesia y no sería piadoso ahuyentarlos con una mala acogida. Además, en el curso de nuestras conversaciones, yo realizaba ya una catéquesis discreta, que le aprovechará para el día en que definitivamente Dios le envíe su gracia a que nadie resiste. Usted podría ser bautizado en seguida, sin más dilaciones.

—Yo no aceptaré nunca el bautismo —protestó el sefardí—. Antes la hoguera.

El cura sonrió.

—Ya esa curiosidad que siente por las cosas del verdadero Dios, es un indicio de que no le anda muy lejos la gracia.

El sefardí tornó a protestar.

—No, nada de eso. Lo que me aproximaba a usted es el sentimiento de que entre nosotros existe un drama que nos une, y hace que no podamos ser indiferentes el uno para el otro. Usted y todos los suyos me deben mucho dolor antiguo. Ustedes quemaron y despojaron a mi raza.

—Esos actos que usted estima de crueldad, eran de amor —explicó el clérigo—. Y la intuición de ese amor es lo que a usted hoy le atrae a mis hábitos.

El joven, confuso, reflexionó un momento y dijo:

—Es posible que tenga usted razón. ¿Cómo, si no, explicar este sentimiento? Es un odio que semeja un amor.

—Así es —asintió el clérigo—. Y por siempre será así, mientras Iglesia y Sinagoga existan. Nos necesitamos mutuamente. Gloriosos tiempos aquellos en que la Iglesia quemaba judíos y los judíos profanaban hostias. Nunca mi fervor religioso ha sido más intenso que estos días en que usted, un judío, andaba en torno mío y yo le sentía como una presa posible para una Inquisición que hubiera existido.

—Ni nunca tampoco me he sentido yo más judío que estos días memorables. ¡Cuántas veces no sufrí mentalmente martirio en la hoguera por mi fe! ¡Y cuántas también no le soñé a usted con el pecho traspasado como Pedro Arbués por un puñal judío!

—Y sin embargo, ya usted lo ve; ahora nos separamos tan amigos. Los tiempos han cambiado y no hay lugar para el drama. Vaya usted con Dios y que sea muy feliz.

—¡Que la paz sea con usted, *pater*!

Se estrecharon las manos. Pero la del clérigo apretaba con tal fuerza, que el sefardí soltó la suya con cierta alarma. Sentía en ella toda la presión secular de la Iglesia.

Y no sin cierto sobresalto escuchó las últimas palabras del cura.

—No olvide usted que deja aquí un amigo para siempre, un amigo que pedirá a Dios por usted y que sería feliz de verle a usted un día arrodillado a sus pies en el confesonario. No olvide que la Iglesia de Cristo tiene siempre abiertos sus brazos amorosos para cuantos la buscan.

Tendía los brazos en esa actitud alegórica. Y era tan absorbente su gesto, que el sefardí instintivamente echó a correr, con el susto de quien elude una sima. "Esa afectuosidad —pensó— es más peligrosa que todas las hogueras ¡Si sigo aquí podría hundirme sin remedio en ese tremedal del amor eclesiástico! . . ."

Y se alejó sin volver la mirada.

ATAVISMO

Todos los años, en la Semana de Pasión de los cristianos, todos los años desde que residía en Sefard ocultamente a favor de su nombre de rancia alcurnia castellana, D. Abraham Núñez, el descendiente de los desterrados, sentía revivir más ardiente que nunca su sangre judaica, más o menos adormecida durante el resto del año. En esos días rituales para los nazarenos, el recuerdo del judío volvía a ser evocado como una cosa actual, en relación con la sacra tragedia nazarena. Iluminábase al fulgor de los cirios eclesiásticos el olvido secular y tenebroso en que el pueblo de Sefard tenía a la grey desterrada, y el nombre judío, gritado entre anatemas por los sacerdotes en el púlpito, volvía a sonar con una actualidad maravillosa.

Tales días eran ricos para D. Abraham, ricos en sensaciones raras, torturadoras y al mismo tiempo exquisitamente gozosas; sensaciones indefinibles. Durante toda la semana, oía a los predicadores, mezclábase a las muchedumbres enlutadas, presenciaba el paso de las cofradías. Todo esto con un aire ambiguo de dolor resignado y de reto. Mostrábase con un aire inconscientemente provocador, exhibiendo su perfil judaico a plena luz, su perfil de Cristo, fino y mo-

reno, de ese leve tono oliváceo, característico de la aris-
tocracia de la raza, y marcado de esa misma tristeza alti-
va de los rostros nazarenos. Exhibíase así como con un
temeroso y al mismo tiempo bravo anhelo de ser reconocido, identificado por la sagaz mirada de algún sacerdote que hubiera conservado el instinto escrutador de los
inquisidores y el sentimiento vivo de una época faná-
tica. Vagamente pensaba que una mirada así lo hubiera col-
mado de placer, como un homenaje. Porque él se sentía en
aquella semana dolorosa como el otro personaje principal
de la tragedia, como el pueblo judaico, sintetizado en él.
Esos días, don Abraham era el pueblo judaico que acudía en
tierras de Sefard a la cita anual de la Iglesia.

Sus emociones se agudizaban desde el jueves santo. Don
Abraham asistía a los oficios de la Pasión, oía execrar con
un estremecimiento de protesta en el latín eclesiástico a
los contumaces judíos y a la pérfida sinagoga. Escuchaba
el relato de la Pasión del Nazareno, cuyo conjuro ponía
mágicamente en pie la historia y sacaba de los museos las
águilas y los lábaros romanos. Don Abraham tenía la sensación de asistir a la revisión de un proceso, fallado injus-
tamente. Y tenía que hacerse una violencia sobrehumana
para no gritar, para no clamar a pulmón pleno la injusticia
de aquellas acusaciones contra su estirpe, para no decir:
"No creáis eso; eso nunca fué. Nosotros no hemos matado a ningún dios. ¿No comprendéis que no puede ser
eso?...".

Luego, viendo el desfile de las cofradías, indignábanle los
rasgos repulsivos que los artistas de otro siglo habían atri-
buído a todos los personajes judíos, excepto al Rabí, expre-
sando en forma de fealdad física el anatema del fanatismo
ingenuo y deformando así, con aquellas narices grotescas y
aquellos ojos bizcos y crueles, el tipo de la raza, que sólo

.resplandecía en el Nazareno y sus amigos. Aquellos sayones de hechura vil eran los únicos judíos para la plebe ingenua, que sólo al verlos recordaba la noción de raza.

—¡Ahí vienen los judíos! —clamaban. Y don Abraham sentía impulsos de gritar: —¡Qué han de ser esos los judíos! ¡Los judíos no son así! Judío soy yo y decidme si tengo esas narices y esos pómulos duros y crueles... —Y callado por prudencia se erguía sin embargo, para exhibir bien su rostro como un lábaro vivo.

¡Terribles y sin embargo misteriosamente gratas emociones! Don Abraham vivía el drama de la Pasión, aquella intensa página de la historia de su pueblo con una realidad pasmosa, ya imposible en otros países europeos, donde el nuevo espíritu de los tiempos había borrado los relieves de los odios antiguos. Aquí él se sentía un alma de judío medieval, de verdadero judío y gozaba el acre placer de la posesión de esta alma milenaria. Luego, recordando que estaba en Sefard, pensaba con una extraña complacencia: ahora, sea como sea, esta gente olvidadiza se acuerda de nosotros, habla de los judíos, volvemos a ser actuales para ellos. Por unos días sabe que hemos existido, y eso es ya ponerse en condiciones de saber que existimos todavía...

¡Amargo y consolador pensamiento! Aquellos ritos de execración a la raza eran un modo de inconsciente homenaje: expresaban el despecho por la ausencia del judío incrédulo y desdeñoso. Pero ¿cuánto valor no asumía de pronto el judío bajo aquellos anatemas? Y don Abraham, único representante del pueblo judío, pensaba: ¡Toda esa cólera de la Iglesia es porque yo me niego a reconocer la divinidad de su ídolo! Ella que tiene en su seno a todas las razas, me necesita a mí y nada estimaría tanto como mi conversión. El voto del judío es indispensable para que su Cristo sea plenamente un dios. Pero tú sabes bien —añadía luego encarándose con el Rabí—, tú que fuiste judío sabes bien que no hay más que un dios, es el viejo Adonay.

¡De tal manera exaltaban a don Abraham las emociones de la Semana de Pasión! Lo agigantaban, lo hacían milenario, lo ponían mágicamente con los siglos remotos, levantaban de su sepulcro a sus antepasados para que dialogase con ellos. El jueves y viernes santo don Abraham no tenía sosiego. Leía sus libros antiguos, revolvía su Talmud, lloraba sobre sus páginas. Vivía en una Jerusalén ideal, en la Jerusalén de la época del Evangelio. La pasión del Nazareno era la pasión de su pueblo y él la vivía intensamente en esos días, con dolor, con ira, con dolida tristeza.

Razonaba con teólogos imaginarios, discutía. No, no podía ser que hubieran matado a un Dios. La única pasión real era la de su pueblo. La historia del Nazareno era un mito, una ficción. ¡Días horribles! Pero en ellos, no obstante, don Abraham, único israelita en tierras de Sefard, lejos de todo correligionario, gozaba el placer de sentirse rodeado por toda su raza, evocada en los templos, de no estar solo en esta tierra de sepulcros, único superviviente de una raza extinguida. Jesús, el Nazareno, daba con su pasión un extraordinario relieve vital a la raza y don Abraham pensaba, con una vaga gratitud, que gracias a su figura, real o mítica, el judío, execrado, anatematizado, tenía una inmortalidad maravillosa y compartía con él ese privilegio de los dioses. Y casi llegaba a temer que se olvidase un día la memoria de Cristo, porque entonces se perdería también acaso la memoria del pueblo judío, cuando menos ese fondo histórico que lo hacía tan dramático. Él mismo ¿qué era a sus propios ojos, en esos otros países en que el judío sólo era ya un competidor peligroso? Pero en Sefard todavía era un personaje trágico, enorme e imponente, el antagonista de un Dios...

EL SEFARDÍ COSMOPOLITA

Este judío, mi amigo, que con una Gillette norteamericana se ha rapado las barbas patriarcales de su historia, dice que ya ha olvidado todo lo que le enseñaron en la escuela, todo lo que le inculcaron sus padres; que en sus viajes por el mundo, ha ido dejando a jirones su judaísmo; que él es un hombre emancipado, cosmopolita, un hombre de la Humanidad.

—Muy bien —le digo—. Está muy bien: no hablemos más de eso. Démonos las manos como dos hombres sin historia.

Pero es el caso que mi amigo no cumple su palabra. Un día me habla de autos de fe, claro que no porque en él aliente una protesta de raza, sino porque al fin y al cabo eran una manifestación de fanatismo.

—Por lo demás —dice—, tan fanáticas eran las víctimas como los verdugos. ¡A cualquier hora me dejaba yo quemar por Jehová ¡una ficción!, ni por la Biblia ¡un libro!

Yo le oigo sin contradecirle. Solamente observo: —Pero, ¿por qué se acuerda usted ahora de los autos de fe? ¿Por qué mueve esas hogueras extinguidas? Es usted el único que se acuerda de eso en Sefard.

Él calla un instante y luego evoca otros temas. Surgen recuerdos de Nueva York. Rascacielos y *dancings*. La liga de librepensadores. Las muchedumbres de parados. Y de pronto:

—Nueva York está lleno de judíos. Sólo que son asquenazíes. Judíos narigudos y pelirrojos. Son otra raza. No tienen nada que ver con nosotros, los sefardíes. No son los descendientes de Maimónides ni de Yehudá ha-Leví...

Yo le interrumpo:

—¿Qué más le dan a usted asquenazíes que sefardíes? ¿No niega usted las razas y no se ha desprendido de su judaísmo? ¿No ha adoptado usted la personalidad flamante de su pasaporte? ¿A qué esa obsesión judaica?

Él se muerde los labios, pero asiente:

—Tiene usted razón. Todo eso son patrañas. Asquenazíes o sefardíes, para mí son simplemente hombres.

Y por una hora, quizá por un día, el tema judío queda silenciado por un lápiz rojo cortés. Pero luego, de pronto, en otra entrevista, mi amigo, emocionado, me dice:

—¿Sabe usted? Al venir hacia acá, esas viejas calles que rodean su Viaducto me han hecho recordar mi judería de Salónica. ¡Las mismas vueltas y revueltas de laberinto, las mismas plazas solitarias, las mismas viejas sentadas en las puertas! Me parecía un sábado en la judería, cuando los turcos llegaban gritando: "¡lumbre!", y mi padre aguardaba la puesta de sol para encender su narguilé... Porque ya sabe usted que la ley mosaica...

—¡Otra vez los judíos! —le interrumpo—. ¿Por qué buscó usted para venir esas calles viejas y no las nuevas avenidas? ¿Qué nostalgia le llevó a ellas? Judío exclaustrado, ¿es que añoras quizá tu judería de Salónica?

Él se turba un poco ante mis palabras. Trata de reaccionar indiferente, y logra sonreír.

—¡Mi judería! Suprima usted el posesivo. Yo, hace ya muchos años que la dejé. Y si ahora evocaba ese recuerdo, era sólo porque...

—Sí, ya lo sé —termino yo—; porque lo llevas siempre contigo, porque tu alma de judío es una judería...

Y por un tiempo él no vuelve a suscitar evocaciones judaicas. Pero un día, al entrar en casa, ve unas revistas judías que han llegado de América, y con gesto despectivo, exclama:

—Pero, ¿cómo recibe usted estas "hoxas de col"? Así las llamamos en Oriente —me explica—. ¿En qué pueden interesarle? Todo esto son patrañas —su expresión favorita—. ¡Cuánta superstición! Ahora hablan de sionismo, de Palestina. Nos quieren volver veinte siglos atrás. ¿Quién se acuerda ya de esas vejeces?

—No las lea usted —le digo—. Nadie le obliga. Si hubiera sabido su llegada las habría ocultado para ahorrarle esa indignación.

Pero él no las deja. Y sólo después de haberlas hojeado largamente, las arroja con gesto de desdén.

—¡Babaxadas! —murmura—. Yo las recojo con manos adoptivas. Él enciende su pipa norteamericana y me lanza una soflama de *freethinker* envuelta en humo.

—Parece mentira que usted, que tiene una mentalidad moderna, se interese por esas antiguallas, por esas supersticiones que..., etc., etc.

Bien; pero otro día, él, nostálgicamente, me recuerda que estamos ya en vísperas de *Pésaj* y que las viejas de la judería estarán ya preparando el banquete pascual —los "buenos bocados"— de que, al otro día se quejarán ahítas: "¿Sabe, doña Sol?, esta noche pasada, con los buenos bocados, no hemos podido dormir en casa". Ya ve usted, la Pascua era un pretexto para comilonas y un mayor consumo de bicarbonato. "Y además, ¿qué tengo yo que ver con Faraón, ni con Moisés, ni con una historia que pasó?"... ¿Pasó?... ¿Hace mil años?... ¿No es todo eso ridículo?

—Pero, si es ridículo ¿por qué se exalta de ese modo? ¿No sería mejor reírse? —me limito a observar.

Finalmente, otra noche de luna llena —una luna magnífica que refulge como un gran amor sobre el Viaducto— exclama al entrar:

—Luna llena, esta noche hay que decir la *berajá* de la *Levaná*... hebraica—. Estamos frente al balcón abierto, y frente a la luna. Él, parodiando al parecer, recita su oración con los gestos prescriptos por la liturgia. La casa se ha convertido por un momento en una sinagoga. Mi amigo termina diciendo, en un castellano puro y arcaico, cual letra de misal:

> *Oh, Dió alto, por su gracia,*
> *Mándanos mucha ganancia*
> *A nos y a todo Israel.*

Luego ríe:
—Así dicen en la judería.

Yo lo miro hondamente a los ojos. Amigo enigmático. Es que al través de tus burlas debo ver tu alma judaica. ¿Por qué te acuerdas tanto de lo que hacen tus hermanos? ¿Debo tomar tus palabras por una blasfemia o por una oración?... Pero esta noche del plenilunio, triste de hermosa y clara, yo quiero recibir tu *berajá* seriamente como una bendición sobre la casa y sobre nosotros...

MONSEÑOR SABETAY

POR aquel tiempo pasó por Sefard un gran rabino de Oriente, el Sr. D. Sabetay Aruk, y como todos sus hermanos vino a visitar a Benaser, el descendiente de conversos, cuya casa se había convertido en una puerta de Israel.

Benaser no había visto nunca un gran rabino y contemplaba con emoción a aquel caballero venerable de cabello casi blanco y ojos refulgentes y jóvenes que llegaba a su casa en compañía de dos adolescentes como un rabí talmúdico.

El Sr. Sabetay sentó su judaísmo en el viejo hogar en que días antes reposara su catolicismo un sacerdote de la Iglesia, y pareció un patriarca de la antigua ley entre las imágenes de las Madonas que decoraban los muros y que fingió no ver. (Culto sencillamente a la mujer, a la Madre, que Benaser se complacía en contemplar divinizada por el recuerdo de la suya.)

La entrevista fué ceremoniosa en medio de la cordialidad. El rabino delante de aquellos jóvenes acólitos, se expresaba con cierta discreta reserva. Hablaba de generalidades, pedía la ayuda de Benaser para la causa sefardí, y le hacía notar:

—Yo no habría venido hasta tan lejos por ver a un potentado; pero habría andado más aún por ver el rostro del cantor de *Las luminarias de Hanukah.*

Ávidamente contemplaba Benaser el suyo. Moreno, de un tono oliváceo que se descomponía en pura palidez cuando se lo miraba atentamente, llegando a ser casi blancura. Los ojos, pequeños y oblicuos, tenían la mirada del Asia; la mirada enigmática y poderosa de las figuras sacerdotales en los bajorrelieves antiguos. Poco a poco, prescindiendo de la indumentaria moderna, reconstruía Benaser la figura de un sumo sacerdote hebreo, y la vestía con la túnica blanca y la decoraba con el *efod.*

Por un momento la vió erguirse hierática junto al tabernáculo y tuvo una sensación casi de susto. Aquel hombre pálido poseía una momia galvanizada. Estremecido pensó: "¡Es un gran rabí, un *cohen* el que tengo en mi casa; el hombre que puede dar la *berajá!*" Se contuvo para no parecer histriónico; pues hubiera gritado de emoción.

La entrevista fué breve. El gran rabino tenía que visitar a altos personajes. Se lo recordaron sus acompañantes y él se puso en pie. Pero antes de irse, recabó de Benaser una cita para hablar más despacio. Quedó convenido que se verían la noche del viernes. Y Benaser lo vió irse entre sus familiares, como un patriarca disfrazado, sintiendo impulsos de gritarle: "¡Rabí; bendíganos la casa, dénos su *berajá!*" Todo el resto del día estuvo pensando: "Un gran rabí de Israel me ha visitado. Desde lo hondo de la antigüedad y la lejanía ha venido a verme atraído por la luz de mi nombre. En todos los caminos de Israel brilla mi nombre como una estrella; y quizá también en Sión tengo amigos ignorados". ¡Y este pensamiento lo puso misteriosamente triste!

Volvieron a verse en la noche del viernes. El gran rabino lo aguardaba en el hotel. Hacía una ardiente noche de agosto y salieron en busca de una terraza propicia. La encontraron en la calle Alcalá y allá, sentados ante dos vasos de refrescos con soda, entre la muchedumbre, el gran rabino se abandonó a la confidencia. Estaba aún bajo la impresión de su viaje a Toledo, aquel día, y parecía deponer materialmente el peso de sus emociones sobre el amigo.

—Toledo, la Tultul antigua, la ciudad del tránsito de la raza.

—¿No la Toledot, las generaciones? —insinuó Benaser.

—No —afirmó el rabí—. Tultul, el tránsito, por alusión al tránsito de las tribus que venían de Judea. Pienso que por esto se llama también así la famosa sinagoga.

Benaser no quiso objetarle. La etimología de Sabetay no podía ser más bella. Sabetay continuaba:

—La topografía de Toledo es la misma que la de Jerusalén. En un alto y rodeada de pueblecitos que no pueden ser más judaicos. ¡Maqueda, Askalen! ... No me cabe duda que los emigrantes judíos quisieron reproducir, con un sentido místico, el mapa de Jerusalén... Todo les ayudaba, la tierra y el clima... ¡Cómo brillaba hoy el sol sobre aquellas casas, cuánto oro y cuánto fuego! ... ¡Y yo recogía en mi alma aquel oro de leyenda y escuchaba voces que sólo yo podía oír! Estaba en el hogar y en el sepulcro de mis antepasados...

Se abandonaba a la emoción y hablaba como un poeta. Y como Benaser se lo hiciera notar, declaró: "¡Si yo soy un poeta! ¡Quizá sea sólo eso! ¡He escrito dramas, dramas históricos de mi raza y versos, muchos versos!"

Empezó a recitar versos, versos en castellano arcaico, de un sabor remoto, y Benaser pensó que tenía delante al Rabí Sem Tob de las antologías. Luego, habló en un tono lírico irreprimible, de sus viajes por la sinagoga, de su estancia en Jerusalén, en la Sión restablecida.

—En Jerusalén fué donde por vez primera tuve noticias

de usted y de su labor admirable por todos nosotros. El Dr. Salomón me dió a leer una carta suya...

—¿El doctor Salomón? ¿Vió usted al doctor Salomón?

—Lo vi. Un verdadero *jajám*. Yo lo admiraba y lo quería. A veces discutíamos. Pero él me decía: "¡Mira, yo soy más viejo que tú, así que ven aquí y escúchame!..."

¿Por qué hicieron tanta impresión en Benaser aquellas sencillas palabras? Y sin embargo, largo rato lo tuvieron ensimismado y absorto, inquiriendo dentro de sí mismo. Aquella idea del Dr. Salomón ya viejo, del Dr. Salomón que él había conocido aún joven le daba una sensación terrible del ritmo vertiginoso del tiempo. Todos sus recuerdos se ponían a correr hacia atrás con una velocidad mareante. Las horas le golpeaban la cara como una lluvia. Se sustrajo de todo para pensar sólo en eso. El Dr. Salomón era un viejo. Luego, aquella frase condescendiente: "Mira, yo soy más viejo que tú, así que ven aquí y escúchame..." ¿Adónde se lo llevaba? ¿Quizá a un banco junto a un muro? ¿El muro de las lamentaciones? De pronto imaginó que Jerusalén, aquella Jerusalén donde los árabes asesinaban a veces a los pobres judíos, era un patio de asilo, donde Inglaterra acogía a los hebreos por piedad. Y los hebreos, harapientos, hostigados por los árabes, se arrinconaban allí y eran viejecitos todos como el Dr. Salomón y comían su mendrugo de pan, arrimados al muro de las lamentaciones. Y todos se hablaban de tú como se hablan los desgraciados, los asilados y los presos. Y a veces reñían, pero luego hacían las paces como hermanos. Y todos los judíos del mundo alguna vez iban a Jerusalén, a discurrir por aquel patio, a llorar junto a aquel muro. Y era allí, en su tierra, donde parecían más pobres e infelices, como asilados de Inglaterra. Y Jerusalén era como un hoyo que los atraía desde dondequiera que estuviesen, llamándolos con su boca silbante. Y todos —doctores, banqueros—, iban allí alguna vez en su vida para convertirse en seguida en unos miserables, más sin patria allí que en parte alguna.

El Dr. Salomón había estado allí y también aquel gran rabino. Y desde entonces Benaser sintió hacia él una gran piedad extraña, como si fuese un gran pontífice irrisorio, sin túnica ni *efod*, perdido en aquella muchedumbre que ignoraba su rango. ¡Así eran todas las grandezas de los judíos! Reconocidas sólo de ellos mismos. Pero esta idea le hacía sentir más afecto hacia aquel hombre, perteneciente a una raza desventurada y triste, y habría querido ponerle una mitra como la de los obispos católicos.

Lo consoló una voz que en aquel momento dijo:

—¡Al fin lo encontré! ¿Cómo está Su Eminencia?

Era un hombrecito bajo, pálido, de una palidez como de haber estado mucho tiempo en las mazmorras de la Inquisición, y de una corrección humilde y respetuosa.

—¡El Sr. Klein! —presentó el rabí.

Y el Sr. Klein con su voz monótona, de niño castigado, comenzó a lamentarse:

—Eminencia, la verdad, esos marroquíes son muy mal educados. Yo no podía contener la indignación esta tarde en el templo, al verlos allí sentados, mientras Su Eminencia estaba de pie.

El rabí hizo un gesto de excusa.

A Benaser confirmóle aquello en su impresión del instante. Los judíos todos eran unos pobrecitos que ni entre ellos se respetaban. Sin embargo, allí estaba aquel Sr. Klein. tan comedido. Sintió por él una gran simpatía. Y por todo Israel. Desde aquel momento empezó a llamar Monseñor a Sabetay. Y se sintió muy unido a ellos, como a su pueblo, como a su raza, como en el hoyo de Jerusalén.

Regresaron los tres al hotel y allí se despidieron, bajo los primeros clarores del alba. Benaser, al quedarse solo, se encontró muy triste. Pensaba que él también era un descendiente de judíos, que Jerusalén lo reclamaba y que algún día él también iría allí para vagar por aquel patio de asilo, bajo la mirada burlona de los árabes y que allí encontraría al Dr. Salomón, ya un viejo, que lo acogería paternalmente y le diría:

—Yo soy más viejo que tú, así que, Rafael, ven aquí y escúchame...

Y le contaría muchas penas, todas las penas de Israel...

Y él lo escucharía sollozando, muchas noches... muchas noches, hasta que al fin los bañare en su luz la nueva aurora de Sión...

Las noches bajo aquel cielo son breves...

¿HASTA CUÁNDO?

SE lo habían presentado en aquella terraza de café diciendo: —Carlos de Guzmán. —Y con una sonrisa de inteligencia: —El señor es judío. —Y pensó: —Estoy en Sefard y ante mí desfilan todos los judíos del mundo como si presidiera el duelo de la raza.

—¿De veras? —inquirió Benaser, ya fraternal, haciéndole sitio a su lado.

Pero su nuevo amigo, aun antes de sentarse, se apresuró a decir:

—Nada de judío. Yo pertenezco a la humanidad. Y oficialmente soy ciudadano de los Estados Unidos.

Benaser lo miró atentamente. Un yanki parecía por su cara rasurada, su cuerpo ágil y esbelto, como lanzado en un ímpetu contenido, delatando el latigazo cotidiano de la ducha fría. Pero tenía los labios gruesos y sensuales como el Dr. Salomón y en los ojos un fuego que sólo podía haberse encendido en Oriente. El Sr. Guzmán era un sefardí auténtico no obstante su pasaporte yanki.

—Yo no quiero saber nada de judaísmo. No tengo nada que ver con los judíos. El que yo naciera en esa raza lo considero sólo un accidente. Como en usted, por ejemplo, el haber sido bautizado en la infancia. ¿Qué tengo yo de común con esos fanáticos, que bullen y se agitan en el mundo mezquino de las sinagogas, que se cubren con Fatels y oran postrados ante Adonay que permite los pogroms? ¿Cómo puedo compartir la mentalidad de esos pobres hombres que se creen el pueblo elegido y son la escoria de las gentes? Yo nací en Salónica y fuí educado en esas creencias absurdas; pero luego viajé, recorrí el mundo, se me dilataron los horizontes y hoy considero a todos los hombres mis hermanos y me avergüenza recordar mi infancia.

"¿Cómo es posible que haya espíritus tan obcecados que aún no hayan salido de su error? ¡Pueblo elegido! ¿Pero no ven que son el ludibrio de los demás pueblos, que nadie les reconoce ese privilegio, que llevan en su cuerpo los puntapiés de todas las razas? ¿No ven que su fe, esa Biblia los ha engañado, que sus profecías no se cumplen?..."

—El sionismo... —le interrumpió Benaser.

—No me hable usted del sionismo: otro dolor. ¿Qué hacen en Jerusalén sino aguardar los golpes de los árabes y llorar ante su muro ruinoso? El sionismo se reduce a eso: a un muro ruinoso, donde lloran unos cuantos viejos lamentables, que se dicen herederos de los patriarcas... y a los que los árabes ahuyentan de allí a latigazos, porque estorban la circulación...

"No, señor, yo no quiero acordarme de que soy judío. Yo considero que el pueblo israelita, con sus viejas creencias, es un obstáculo para el progreso de la humanidad, como lo son todas las sectas religiosas: estorban la circulación de la humanidad..."

Benaser oíale hablar con un sentimiento de conmiseración. Adivinaba cuánto dolor había en el fondo de aquella apostasía. Y al mismo tiempo, aquel lenguaje radical halagaba su propio alejamiento de todos los dogmas. ¿No había

abandonado él hacía ya mucho tiempo los templos católicos, para no volver más, no obstante su gusto sensual por
el incienso y los cantos? El sefardí parecía expresar sus
propios pensamientos al decir:

—Para mí lo mismo son católicos que judíos. Unos y
otros representan el fanatismo, la intolerancia que separa a
los hombres. ¿No los ve usted ahora mismo en Rusia, opo-
niéndose al único intento serio de hacer felices a los humanos, en nombre de sus creencias de raza? ¿No los ve usted,
defendiendo la superstición del sábado y su derecho a llorar
en el día de *Kipur*? ¡Siempre las lágrimas! ¡Le digo a usted que yo cerraba todas las sinagogas!

—¿Y quemaría usted a los pertinaces?

Él hizo una pausa. Luego continuó, desentendiéndose:

—Cerraría las sinagogas y daría por caducas todas las
profecías... y la Ley, esa Ley absurda, causa de tantos
males y por la cual se han encendido para los judíos tantas
hogueras... Lo haría así por su bien... para que se fun-
diesen al fin con los demás pueblos y dejasen de ser una
excepción, y fuesen por una vez dichosos, como príncipes
destronados...

Hablaba con tal vehemencia que Benaser vió ya cerradas
todas las sinagogas del mundo y apagados todos los cande-
labros de siete brazos y abolida la solemnidad legendaria del
sábado y perdido entre la muchedumbre de las gentes al
último judío, rasurado de sus barbas patriarcales y adapta-
do al patrón cosmopolita; vió con toda claridad el momento
en que ese gran río de tradición que arranca de Moisés y
viene fluyendo en la historia al través de los siglos, ese gran
río de tradición que no pudieron apagar todas las hogueras
inquisitoriales y que fluye teñido en la sangre de tantos
mártires, que ese gran río venerable se fundía en el mar de
las razas o desaparecía en lo hondo de la tierra borboteando,

y se podía decir: "Ya se acabó..." Y todo había sido vano para contenerlo, para evitar aquella catástrofe; y Abraham y Sara no serían ya los abuelos de nadie, y toda la historia de Israel pasaría a ser una fábula que nadie atestiguaría... Una fábula todo, hasta el dolor de los mártires... Y Benaser recordó que él llevaba sangre de mártires en sus venas y no pudo contenerse y gritó:

—No, amigo mío, no destruya usted las sinagogas, no disuelva el pueblo de Israel. Después de todo, ¿qué importa su religión? La religión para Israel es sólo una tradición de raza que sólo a ellos obliga. Israel no hace prosélitos. ¿Qué mal hay en que unos hombres tristes y desdichados, que guardan luto por sus recuerdos más remotos, se reúnan en *Kipur* a llorar su duelo íntimo de pueblo, y en la fiesta de *Januca* enciendan luminarias en celebración de una victoria que sólo ellos recuerdan, y por la Pascua coman unos panes ázimos, sin más sabor que el de su mística alegría? ¿Qué les importa esto a los demás pueblos, en qué les perjudica? ¿Y cómo es posible que usted hable así? Mire, mire, ¿no le daría tristeza que desapareciese todo eso; que ese gran río de tradición se perdiese, que todas esas lágrimas y esa sangre se absorbiese en la tierra como el agua de esta copa?

Y Benaser, exaltado, vertió la copa en el suelo:
—Vea, Israel no es ya más que un charquito...

Fijó la mirada en el sefardí. El Sr. de Guzmán guardaba silencio. Tenía la cabeza baja y Benaser creyó percibir una lágrima en sus ojos. Le pareció entonces uno de aquellos viejos que lloran ante el muro de las lamentaciones. De pronto levantó la cabeza.

—¿Entonces, para que ese río de tradición no se extinga, hemos de seguir alimentándolo con nuestras lágrimas y con nuestra sangre? ¿Hasta cuándo ha de durar nuestro martirio? —clamó—. ¿*Ad matay*? —y hablaba como un profeta.

Benaser recogió un momento en su alma el asombro de la situación. Sobre aquella mesa de un café trivial, se estaba decidiendo el destino de Israel y él, el descendiente de conversos, era el llamado a resolverlo, él, que no iba a la sinagoga a llorar ni a alegrarse, él que ya no tenía nada de judío estaba haciendo por confirmar en la fe a un hijo circunciso auténtico. ¿En nombre de qué derecho? ¿No era él también un renegado?

No se atrevió a contestar directamente la pregunta. Ahora callaba él y tenía realmente lágrimas en los ojos.

Por delante de aquella terraza de café pasaba la gente alegre y despreocupada. Hombres y mujeres que no tenían nada de judíos —al menos no lo sabían—, que estaban redimidos de recuerdos y vivían en el presente y a este río de fácil fluir arrojaban sus sensaciones. Hombres y mujeres sin tragedia. En tanto ellos —el Sr. de Guzmán y Benaser— estaban allí relegados como al pie de un muro ruinoso, sosteniendo un destino trágico, que había de durar la suma de los tiempos.

—¿Hasta cuándo?

LA GUERRA EN EL HOGAR

NUESTRO amigo D. Isaac Farsi, el noble sefardí, tenía la arrogancia de su hidalgo origen y un desdén supremo por los asquenazíes, esos correligionarios suyos de nariz larga y pelo rojo que con su pronunciación gangosa profanaban la solemne dicción de la lengua santa —la *laschón hakodesch*—, como él recalcaba con énfasis.

Los *aschkenazím* eran la plebe de Israel, los que habían dado el modelo para los "Judas" de la imaginería cristiana, los figurones grotescos del gorro y las hopalandas mugrientas, los piojosos del ghetto.

Y sin embargo, el Sr. Farsi se había casado con una asquenazí: una mujercita menuda, de pelo rojo y cara constelada de pecas, que desfiguraba el hebreo con su pronunciación germánica y tenía el espíritu práctico y antiartístico de sus hermanos filisteos.

El Sr. Farsi la había conocido en Alemania, en la época de sus grandes viajes, cuando ya, después de haber hecho bastante su papel de judío errante, empezaba a sentir ansias de sentarse al fuego del hogar.

Aquella Ruth asquenazí era precisamente una mujer de hogar. Hacendosa y diligente, como una hormiguita roja, sabía amasar el pan cual una mujer de la tribu y también confeccionar irreprochablemente la tarta nacional de las mesas germánicas. Conocía también la medicina doméstica y tenía un gran libro con recetas para todos los casos. Era además hija de un comerciante opulento y aportaba al matrimonio una dote considerable. Finalmente, contaba entre sus parientes más próximos un *Herr Offizier* y un *Herr Doktor*.

El noble sefardí, quizá por el contrario, llegó a prendarse de la asquenazí plebeya. Seducido por su gracia humilde, se prometió sacarla de aquel gélido infierno y llevársela a su país de sol, a la luminosa Sefard, a la tierra de la palmera y el naranjo. Ella se mostró desde luego dispuesta a seguirlo, fascinada por sus ojos ardientes y su lenguaje apasionado. Pero la familia, al saberlo, se opuso. Sefard era la tierra de los inquisidores, donde en otro tiempo habían quemado a los judíos y donde aún quizá quedasen rescoldos de aquellas hogueras.

Aquellas objeciones exacerbaron a D. Isaac y le sacaron de la fría corrección que se esforzaba en aparentar desde que había estado en Inglaterra. Apareció el español, con toda su vociferación gesticulante.

—¿Pero qué idea tenían de Sefard aquellos "doktores" germánicos? ¿En qué libros bebían su creencia?

El sanedrín familiar oíale consternado. Luego, en tanto él se exaltaba más y más, ellos asumían un aire benévolo, casi piadoso. "*Nervös*" —murmuraban—. *Nervös...*"

D. Isaac se puso aún más furioso. Ellos se le acercaron y pusiéronle las manos sobre los hombros, con la hipócrita intención de inmovilizarlo. Él los empujó violento. Vociferaba contra los asquenazíes, contra los alemanes, contra los militares y los doktores. Ruth, para conjurar la tragedia fué a echársele en los brazos, llorando.

—Pese a todo, serás mía. Te sacaré de entre esta gente idiota y de este país de osos. Te llevaré a la tierra del sol y de la luz, que como Palestina mana leche y miel...

Ella sollozaba:

—Sí, sí...

Estaba llena de admiración por D. Isaac, que clamaba:

—"Nervös, nervös..." Les parece que estoy loco, porque tengo sangre en las venas... no agua como ellos...

Aquel distingo pareció imponérseles a aquellas cabezas filosóficas. —Ah ¡pudiera ser...!— Transigieron. Se casaría con Ruth. Diéronle excusas enrevesadas y metafísicas. D. Isaac estuvo magnífico y generoso. No quiso discutir el dote. Y a los pocos días emprendía el viaje a Sefard, en unión de Ruth ya su esposa, según el rito sefardí, pues él nunca hubiera aceptado el otro rito.

Pero a pesar de todo su buen deseo, el Sr. Farsi no acabó nunca de aceptar del todo el origen asquenazí de aquella mujercita rubia pecosa. La encontraba de otra raza inferior. Se arrepentía de su generosidad y apenas si encontraba una compensación a su defecto máximo, en el arte con que sabía confeccionar la tarta y encontrar en el gran libro recetas para sus ataques de bilis. Aquella mujer era el enemigo en la casa. Asquenazí y alemana, a veces, ni la tarta podía saborear el Sr. Farsi, al pensar en que era invento germánico. Cuando los sábados llevaba a casa algún invitado y éste elogiaba la tarta y la cocina alemana, el Sr. Farsi se apresuraba a aclarar:

—Le advierto a usted que no es alemana... está hecha en Sefard...

Ruth la asquenazí sufría con paciencia las nerviosidades de su esposo magnífico. Le estaba agradecida por haber hecho vibrar una vez su corazón romántico. Lo admiraba además por aquellas exaltaciones de que ella era incapaz y que interpretaba como poesía. ¡Sefardí! —pensaba—. Luego, su dicha fué completa cuando el señor Farsi dió en sentirse celoso, en espiarla y amenazarla, prohibiéndole toda clase de tratos con alemanes. ¡Cuánto me ama! —se dijo—. ¡Está celoso! Así fueron pasando los primeros años de matrimonio. Luego vino la armonía de la costumbre. El señor Farsi empezó a sentir gratitud por aquella mujercita fiel y diligente, que se sometía a todos sus caprichos, sin una queja. Y Ruth, asquenazí, sentía una diadema sobre su frente cuando alguna noche de sábado el señor Farsi le llevaba algún comensal y a la hora de la tarta decía:

—Es cosa de Ruth. Aquí tiene usted, amigo mío, el prototipo de la mujer judía...

Y cuando el otro preguntaba: "¿Asquenazí?" El señor Farsi interrumpía:

—La mujer es lo que su marido. ¿No conoce usted el Talmud?

Ella asentía sonriendo y decía:

—¡Yo soy "gudía" solamente!

Pero cuando estalló la guerra mundial, don Isaac Farsi acordóse de que, además de noble caballero sefardí, era súbdito británico, mientras que la asquenazí Ruth era súbdita del Kaiser. El sefardí consideróse obligado a asumir el papel de un beligerante en aquella guerra apocalíptica y como no tenía edad para pedir un fusil e irse a las trincheras, resolvió hacer la guerra en su propia casa, contra su enemigo más inmediato.

El señor Farsi colocó una banderita inglesa en la puerta de su domicilio, al lado de la placa que anunciaba su nombre, y cayó una trinchera moral entre él y su pelirroja consorte.

Decretó la expulsión de todos los judíos alemanes que visitaban a su mujer, que eran sin duda alguna espías por cuenta del Imperio y que además —bien lo sabía él— le pisaban los pies a Ruth con sus gruesos zapatones por debajo de la mesa, aunque él tuviese buen cuidado de ponerlos en el extremo de la mesa, porque los pies germánicos eran de una longitud excepcional.

Todas las mañanas, el señor Farsi leía en su periódico inglés las noticias espeluznantes de los horrores que cometían los alemanes en la pobre Bélgica y en la pobre Francia y hacía responsable de ellos a su esposa que sólo se ocupaba en la confección de la famosa tarta, única manifestación visible de su nacionalismo.

El señor Farsi, con el periódico desdoblado como una bandera, buscaba a Ruth en la cocina y con los ojos inyectados en sangre, la interpelaba:

—¿Conque asesinando mujeres y niños, eh?

Doña Ruth lo miraba asustada y con su voz más dulce le decía:

—Isaac, tú lees el periódico inglés, ¿pero si leyeras el periódico alemán?... —Y suspiraba como una pobre Bélgica pelirroja.

Pero don Isaac no podía leer el periódico alemán. Nunca había logrado entender aquella lengua de perros. Y así declaraba mentira todo lo que pudiesen decir aquellas hojas tendenciosas. Para él la verdad se contenía toda entera en su periódico, porque los ingleses son unos caballeros incapaces de mentir, unos *gentlemen* perfectos, que practicaban la guerra como un deporte limpio.

—Lee aquí, mira lo que dice. Los aeroplanos alemanes arrojaron bombas sobre Charleroi, causando numerosas víctimas entre las mujeres y los niños... Y todavía hablarán de cultura. ¿Es ésa la cultura, di?

Doña Ruth callaba temerosa de exasperarle. El noble caballero sefardí parecía entonces, según ella decía, "un tigue africano".

Pero don Isaac, ante su silencio, buscaba un árbitro que le diese la razón y lo buscaba en la criada, en aquella célebre Rosa Torquemada que había tomado a su servicio en razón a llamarse lo mismo que el terrible Inquisidor, para tener un motivo más de atormentarse y sufrir.

—¿No lo sabía usted, Rosa? Pues sépalo. Los alemanes asesinan a las mujeres y los niños. ¿Qué le parece a usted?

La criada contestaba ingenuamente:

—Uy. ¡Que eso está muy mal, señorito! Eso es una hororosidad.

—Pues eso es lo que hacen los alemanes. ¿Y sabe usted quiénes son los alemanes? Pues los compatriotas de la señora; ahí tiene usted uno de ellos.

Y señalaba a la pobre Ruth que escondía avergonzada el rostro, sollozante.

Y don Isaac se retiraba de la cocina, refunfuñando imprecaciones inglesas, con el periódico desplegado como una bandera, satisfecho de haber dejado ya a los alemanes entregados al ludibrio de la reprobación universal.

Desde entonces Rosa Torquemada asumió un papel preponderante en la casa. Se entretenía demasiado en la tienda, sisaba más que de costumbre, volvía los domingos a las diez de la noche. Doña Ruth inocente expiaba en la cocina los pecados de sus compatriotas.

Todas las mañanas, a la llegada del periódico inglés, actuaba Rosa de Tribunal de la Haya en la cocina. Al lado del fuego y con las tenazas o el cuchillo en la mano, asumía una peligrosa semejanza con su ascendiente y parecía un sayón, pronto a marcar con el hierro candente o amputar un miembro a la pobre señora.

Pero don Isaac desistió de dirigirse a ella como a representante del sentido moral, un día que, al referirle nuevos horrores de los alemanes, Rosa Torquemada falló:

—Eso es una judiada. Eso sólo serían capaces de hacerlo los judíos, que crucifican niños las noches de viernes santo.

El señor Farsi no quiso darse por enterado de esa alusión al crimen ritual y derivar su iracundia sobre su aliada. Después de todo, es muy posible que le hubiese dado la razón, con tal que por esos judíos se entendiese a los asquenazíes. Pero como Rosa Torquemada no conocía más judíos que los sefardíes y eso, al través de su subconsciente, era claro que su imputación iba dirigida contra el señor Farsi y los suyos. Por lo que don Isaac decidió ser prudente y no interrogar en lo sucesivo a aquella sibila peligrosa.

Ahora esas cuestiones internacionales las ventilaba exclusivamente con su esposa, y el gabinete familiar resonaba todas las mañanas de imprecaciones en inglés, alemán y ladino. Y algunas veces, era doña Ruth la que salía de allí sollozando y corría a la cocina, buscando amparo en Rosa Torquemada, la descendiente de inquisidores.

—Es "hoguible. ¡Hoguible!" —suspiraba—. ¡Es peor que la Inquisición!

Muchos eran los días en que don Isaac no comía en casa. Se iba por ahí a pasear su encono, a desahogar sus penas con Benaser el converso o en la consulta del doctor Heiler, que era también pelirrojo como doña Ruth y había nacido en Austria, pero que tenía una germanofobia sólo comparable a la del caballero sefardí y era el hombre que decía más cosas tremendas contra los alemanes con el acento germánico más puro.

La consulta del doctor Heiler habíase convertido en una tertulia de aliadófilos. El doctor Heiler, usando de una discreta coacción, había convertido a sus ideas a todos sus enfermos, entre los que había judíos búlgaros y austríacos. Cuando alguno de éstos vacilaba en adherirse a su bando, el doctor le imponía un régimen intolerable y absurdo, a base de papillas y féculas, les prohibía en absoluto la cerveza y la *choucroutte* y les agravaba el diagnóstico. Así que todos se le rendían a discreción, por lo menos mientras estaban en su consulta. Allí la voz del doctor Heiler resonaba sin apelación, corroborada por la del señor Farsi.

—Los alemanes —decía el doctor Heiler— son un "cánser" de la "humanitat" y se les debe extirpar por el "hiego" y por el fuego, "quirúgkicamente".

El señor Farsi encarecía:

—Mientras haya un solo alemán, no habrá paz en el mundo.

Y el doctor Salomón, siempre sacerdotal, dilataba sus rojos y gruesos labios de idumeo, ponía en blanco sus grandes ojos elegíacos y decretaba:

—Perezcan los alemanes y sálvese el mundo.

El doctor Salomón, que había hecho sus estudios de orientalista en Berlín, aunque naciera, según él decía, en la oriental Jerusalén, recordó también al estallar la guerra que tenía entre sus papeles un pasaporte británico y dedicóse a toda prisa a aprender el inglés, para poder hacerle la corte y contarle chistes al embajador británico, que, como todo inglés, debía amar el "humor". Sólo que el doctor Salomón confundía el humor británico con la gracia gorda del *Simplicissimus,* y además tenía tan mala memoria que a pesar de múltiples ensayos, siempre olvidaba el resorte cómico en el momento preciso. El doctor Salomón contaba los chistes dos veces y se le envejecían en los labios.

El doctor Salomón era para el señor Farsi otro alemán tan característico como el doctor Heiler; sólo que en estilo "kolossal"; un elefante bueno y pesado, que pisaba los pies de las personas en los salones y abría las puertas con el hombro y atropellaba a la gente como un autobús. Además, cuando hablaba en el estilo patético que le era habitual, decía las cosas más delicadas, proyectadas en eructos explosivos. Pero el señor Farsi se lo perdonaba todo eso en gracia de su odio a los alemanes.

Cuando don Isaac salía de la consulta del doctor Heiler, la vejiga de su bilis era una bomba incendiaria próxima a estallar. Y estallaba, sobre la mesa familiar, descargando todas sus acritudes sobre el alma acongojada de la pobre Ruth, que no se sabía cómo podía hacer unas tartas tan dulces con el corazón tan amargado. Doña Ruth era la responsable de todas las tropelías tudescas. Y la violencia agresiva de su esposo era mayor los días en que los ojos ribeteados de la asquenazí delataban un duelo callado por los reveses de las tropas germánicas.

Esos días, don Isaac estaba con ella doblemente cruel.

—¿Conque te afliges porque los aliados les han zumbado a esos bárbaros? ¿Qué querías, que siguieran asesinando mujeres y niños?

Y doña Ruth, sin poder contener ya el llanto, suspiraba:

—¿Pero cómo quieres que no llore, si tengo entre ellos dos hermanos?

Cuando las tropas aliadas empezaron a ser victoriosas, don Isaac Farsi se volvió de una insolencia agresiva. Pisaba fuerte por la casa, silbaba, hacía alarde de una jovialidad insultante, leía y comentaba en voz alta los comunicados británicos.

—¡Bravo! Otra derrota de esos boches. ¡Magnífico!

Doña Ruth se escondía detrás de las puertas para llorar.

En la sinagoga, fundada por asquenazíes, don Isaac intrigó hasta conseguir que aquéllos fueran expulsados por indeseables y comprometedores. Y en día tan solemne como el de *Kipur* les cerró las puertas del oratorio, obligándoles a celebrar el rito en el rellano de la escalera.

Por iniciativa suya, secundado por el doctor Salomón, su aliado circunstancial, festejóse oficialmente en la sinagoga el Día del Armisticio y la Declaración Balfour, reconociendo a los israelitas el derecho a tener en Palestina un hogar. Y firmado por todos los miembros de la comunidad, no pertenecientes a los imperios centrales, expidióse un telegrama de felicitación y gracias al jefe del gobierno de la noble nación británica.

El señor Farsi tuvo unos días radiantes, esplendorosos. Su causa había triunfado. Volvió a reconciliarse con la tarta alemana, que confeccionaba doña Ruth, aunque para desvalorizarla decía que no tenía nada de alemana y que era más bien un *pudding* inglés, aparte de que sus ingredientes eran perfectamente españoles.

—¡"Clago"! —decía a hurtadillas doña Ruth— es alemana la receta, es alemana la que lo hace, ¡pero no tiene nada de alemana!...

Pero luego, los asquenazíes, insidiosos y tercos, lograron introducirse otra vez en la sinagoga, aprovechando el desencanto que las vacilaciones de Inglaterra para cumplir lo prometido producían en todo el mundo judaico.

—Nos llevan allí para que nos peguen los árabes —decían—. Nos han dado un hogar para que sirvamos de criados en nuestra propia casa.

Don Isaac, despechado ante aquella nueva invasión del mar rojo de las cabelleras asquenazíes en la sinagoga, desertó de ella, jurando no volver más.

Por aquel tiempo, más pálido e inquieto que nunca, se le veía por las calles, acompañado de curas católicos, cual si buscase una compensación en el afecto de los *góyim*.

Aquellas concomitancias clericales del sefardí dieron mucho que hablar y sus enemigos decían que estaba preparando su conversión y que pronto lo verían con un cirio en las procesiones.

—Es tan soberbio —decían— que por vengarse de nosotros, en otro tiempo habría sido capaz de entregarnos a los inquisidores.

Y en el fondo, puede que tuvieran razón; ¿no habían sido móviles pasionales los que antaño impulsaran a convertirse a esos grandes perseguidores de sus hermanos que se llaman en la historia don Pablo Santa María y Fray Alonso Espina?

Pero el noble sefardí don Isaac, al enterarse de esos rumores, fué a la sinagoga y encontrando reunido al sanedrín asquenazí, volcó sobre ellos todo su pintoresco vocabulario insultante de antiguo golfillo de la playa tangerina y la roca calpense.

Sus ojos echaban chispas y sus manos, rojas hepático, aspeaban amenazadoras.

Los asquenazíes huyeron despavoridos y don Isaac pudo ufanarse como Jesús de haber limpiado el templo de mercaderes y fariseos.

—Ese hombre es un enfermo nervioso y seguramente trae una navaja escondida —murmuraban aquéllos, en tanto bajaban presurosos las escaleras.

—Lo que soy yo es un hombre —les gritaba don Isaac—. Es que ustedes no han visto nunca un hombre.

Aquella noche, don Isaac llegó a su casa con fiebre. Se metió en la cama y no quiso tomar alimento. De madrugada, tuvo un derrame de bilis. Tres meses después, en vísperas de la Semana de Pasión de los cristianos y de la Pascua hebraica, fué a reunirse con su pueblo en el seno de Abraham. Cuando llegaron de Gibraltar las tortas de *Pésaj* que todos los años le enviaban, ya don Isaac había pasado el Mar Rojo de la Eternidad y acampaba bajo las tiendas de nubes de los Patriarcas.

El noble caballero sefardí murió como un buen israelita, después de cumplidos todos los ritos para el éxodo eterno. Y en el supremo trance, fueron los asquenazíes quienes le asistieron y cuidaron y quienes expidieron a Jehová el fardo precintado de su cuerpo, amortajado según la tradicional costumbre.

Don Isaac Farsi reposa hoy en el cementerio civil de Madrid, en el apartado israelita. ¡Sea con él para siempre la gloria de Adonay y que su nombre sea tenido en cuenta en el día de la Resurrección! (Amén).

EN EL ROSCH HASCHANÁ
DE LOS JUDÍOS

(De las memorias de Benaser el descendiente de conversos)

UN mejor día que en el Rosch Haschaná de los hebreos no hubiera yo podido ver al anciano doctor Heiler, patriarcal y solemne, al lado de su consorte octogenaria, reposando como en un sábado definitivo sobre el blando plumón de su sabia vejez.

Grave fué el momento en que el criado, introduciéndose en el estrado de su intimidad, me puso en presencia de los dos ancianos esposos, que, cubiertas las rodillas por el verano artificial de unas discretas gualdrapas y hundidos en profundos asientos, parecían saludarme desde el Olimpo de la senectud, convertidos en algo más incorruptible y precioso que dos simples criaturas mortales.

Demasiado solemne y turbadora fué la emoción de aquel venerable espectáculo y quizá yo me hubiera sentido extraviado en el paisaje de un tiempo sin límites si, asequibles a mí como dos hitos más cercanos de mi jornada temporal, no hubiesen estado allí para corroborarme, los hijos, todavía jóvenes, de una paternidad tan longeva.

¡Don Abraham y doña Sara! Vosotros, con vuestras caras frescas y el color de vuestras rojas sonrisas, me infundísteis el valor necesario para acercarme al trono familiar de los dos viejos y estrechar las manos que ellos me tendían benévolos cual dos reyes del tiempo, pálidos y macerados por los aromas de su embalsamamiento prodigioso.

¿Qué es el hallazgo del hipogeo de un Faraón, comparado con la vista del Faraón mismo y su consorte, vivos y mostrando no obstante en sus rostros huellas de haber sufrido la transfiguración salvadora de las momias?

Pero más maravilloso todavía era el hallazgo de aquellos dos patriarcas del tiempo de nuestro padre Abraham, con sus rostros de puro perfil judaico, sentados en asientos como tronos, a la vuelta de una simple puerta de despacho moderno, tras la cual —con sus batientes, no de cedro ni forrados de cobre— era dado esperar visiones más triviales.

Nunca hasta entonces había visto yo al sabio anciano en la gloria patriarcal de su vejez, al lado de la provecta consorte, rodeado de la aureola de sus hijos y sus nietos, presidiendo aquella sinagoga íntima como un pontífice.

Y esta revelación tardía, este apocalipsis, parecía el abrirse del cielo en la última noche del año, para que yo viera el misterio de la admirable eternidad de Israel.

Un triunfo de la antigua Ley parecía la presencia de aquellas dos senectudes hebraicas, florecidas en vástagos, presidiendo desde la altura de su calendario anticipado el desfile reacio de las últimas horas.

Y para un hijo de la nueva era, resultaba demasiado imponente acercarse a aquel Padre eterno, acompañado de su coeva Sofía que, consumada la obra de su creación, sólo entendía ya en presidir los coros del Tiempo.

Mil palabras de salutación arcaica y solemne acudieron

a mis labios, que, sin embargo, balbucientes, sólo pudieron exclamar:

—¡Doctor Heiler, doctor Heiler! —aleteando como un águila ante el sol.

Pero en mi interior decía:

—Gracias por habérseme mostrado en la gloria de su hogar patriarcal, para que siquiera una vez mi corazón se alegrase, viéndole rodeado de hijos y nietos y no sólo en su consulta, entre las lacerías de los enfermos.

"Gracias por haberme dejado ver el resplandor de un hogar judío, de otro modo más vivo y real que en las estampas de las Biblias antiguas".

Él entendió sin duda estas palabras tácitas y sonrió benévolo. Y presentándome a la esposa, dijo:

—Rafael Benaser, el poeta de *Las luminarias de Hanukah*.

Parecieron resplandecer súbitamente las luminarias evocadas en la mirada azul de la esposa, que me tendió su mano, inclinando hacia mí su cuerpo fino de gran dama judía.

Hermosa en su vejez y magnífica como mil juventudes. Y con voz de reloj antiguo, me dijo:

—¡Le felicito a usted, señor, por haber escrito ese libro tan hermoso y de tanto amor para mi pueblo!

¿Cómo describir la emoción de Rafael Benaser en aquel momento solemne viendo reflejarse en los ojos de los dos ancianos y de sus hijos y sus nietos destellos de esas luminarias, por él encendidas sobre los caminos de Israel?

El descendiente de los conversos había hecho una dádiva al pueblo de los perseverantes en la Ley antigua y aquellos dos patriarcas le abrían la intimidad de su hogar, derribando esos velos que ocultan al profano el fondo recóndito del santuario.

Por primera vez veía yo un hogar hebraico, poblado de

posteridad, florecido en el cumplimiento de todas las promesas del Testamento antiguo. Hijos, nietos y ángeles de Jehová en las alturas; y las arenas del Tiempo desparramadas y caídas sobre las alfombras.

En ningún día mejor que en el *Rosch Haschaná* de los hebreos, pude yo ir a llamar a la puerta del sabio doctor Heiler, con el corazón triste de sentirme el último de una estirpe en los días postreros del año; y ningún día mejor pudo él haber elegido para mostrárseme en la apoteosis de su vejez fecunda. El año 5000 resplandecía como escrito en festivas tiras de pergamino sobre aquellas frentes seniles del doctor y su esposa; hosannas y aleluyas llenaban la casa patriarcal.

Nunca en hogar nazareno me fué dado contemplar así ese triunfo del Tiempo, ver esas palmeras centenarias, florecidas de rosas que parecen exclusivas de los oasis bíblicos.

Jamás me sentí tan confortado en la esperanza de sobrevivir como ante aquellos cedros humanos fructificados en lozanos retoños.

Hermana Pilar, si nuestros padres murieron jóvenes en el Evangelio, ¿es que sólo la Ley antigua puede mostrarnos estos prodigios de feliz senectud? Lo cierto es que, repasando aquellos textos bíblicos inscriptos en los rostros de los dos ancianos, yo sentía consolado mi espíritu triste, cual si leyese alegres profecías, y sonreían mis labios mustios y mi corazón cobraba fuerzas para asistir de nuevo al óbito de un año.

—Por una vez —dije— vivamos plenamente en la alegría de la antigua Ley y recibamos la esperanza de la mano de un viejo; de un viejo doctor que en otro tiempo dispensaba la droga salvadora. Acaso toda alegría no esté en el niño y en su cara risueña y quizá los dones del Padre sean superiores a los del Hijo.

Y permanecía extático ante el viejo doctor, cual un hijo más, cual un nieto más, y me era grato sentir que, en algún modo, pudiera llamarme de su raza.

Esperaba de él alguna merced benigna, alguna palabra luminosa más preciada que la droga que ya no repartía su mano y que pudiera uno llevar en su memoria como antaño en el puño aquella receta que parecía un salmo.

Y al levantarme para despedirme, esa palabra vino a mí cual un viático. Y el anciano dijo:

—La era de la paz y la justicia está cercana. Muy pronto hemos de ver el triunfo de la Humanidad, aunque todo parezca anunciar lo contrario.

Profetizaba como los ancianos de su raza; y aunque yo habría querido una profecía más personal, me sonaban enormemente gratos aquellos vaticinios.

El anciano insistió:

—De aquí a veinte años, se acabarán los odios entre los mortales. Prevalecerá la Ciencia sobre la superstición. Israel tendrá un hogar.

Y sonriendo en una ancha risa jocunda:

—Habrán muerto el último emperador y el último papa.

Yo reí también festivo y aceptando el augurio, me aparté del doctor Heiler diciendo:

—¡Oh rabí generoso, que de tu boca senil exhalas un aroma de candor, más fragante que el que sale de la boca de un niño! ¡Pontífice del Tiempo, coronado de una mitra de años doctos y fecundos, padre de criaturas y de libros, que muchos años nos sea dado aún ver tu ancianidad florida y la de tu esposa, en estos días del Rosch Haschaná de los judíos!

CORPUS CHRISTI

EN la tarde del día del Corpus, entre aquel desfile de estandartes y espadas desnudas, entre las albas sobrepellices y los nobles lutos ¿qué estremecimiento de pavor era el mío y por qué no acababa de sentir que era fiesta? ¿Qué mísero cortejo esperaba todavía, luego que habían pasado todos los penachos, qué clamor lastimero aguardaba oír, cuando las preces clericales callaban un momento? Y al llegar la Custodia bajo el arco de la vieja plaza ¿qué hoguera creía percibir en su disco inflamado por el sol poniente?

En vano llovía de los balcones una frescura florida, y en vano voces pueriles festejaban un misterio de amor. Toda aquella pompa era demasiado imponente y un siglo bárbaro y cruel iba prendido en las puntas de las alabardas. Aquel triunfo solar de la Custodia, no obstante sus espigas pascuales, tenía algo de inquietante y recordaba los antiguos holocaustos exigidos por el sol, dios cruel en todas las teogonías. Y dentro de aquel carro con ruedas, creíase ver, infalible, el cortejo lamentable de las víctimas maniatadas, caminando hacia la pira del crepúsculo.

Y de pronto, la visión del auto de fe se me mostró con

extraña vivacidad, a favor de aquel siglo austríaco que florecía en el oro de los estandartes. Surgieron ante mí sambenitos y corazas, se hicieron feroces de un amor sádico los rostros orondos de los sacerdotes, llenáronse de sentido las espadas y rojas llamaradas culebrearon en el aire. El vocerío de la muchedumbre se salpicó de llanto, las rojas colgaduras de los balcones fueron de sangre y todo pareció revelarse en un momento de cinismo. Y el largo cortejo de los condenados pasó, camino de la hoguera, entre cogullas monásticas y alabardas marciales. Fueron sus rostros una gran palidez sobre la tarde. Palidez de Oriente, de desierto, de sinagoga y de mazmorra. Iban amordazados, pero sus rostros eran un gran clamor.

Pasaron bajo los arcos de la plaza, y tras de ellos se levantó un remolino de casullas bordadas. De las casas llovían flores. Vibraban las campanas en repique y el incienso amansaba en azul el brillo de las tardes. La Custodia era un campo de espigal con un cordero blanco. Bocinas militares rompieron a tocar pacíficas. Y voces pueriles cantaban: "¡Aleluya!".

Pero cuando ya la muchedumbre se dispersaba en torno mío, yo seguía aún allí, presa de un temor anacrónico que no eran apropósito para calmar tantas desnudas espadas, tantos estandartes y aquel revuelo apresurado de sotanas negras. Yo tenía la impresión de haber asistido al desfile de un auto de fe en la tarde española y bajo las luces de los reverberos buscaba todavía la huella de los condenados.

¡Corpus español en estos barrios viejos! ¿Por qué ese aparato de fuerza, esas alabardas, esas colgaduras rojas en los balcones y esa regia carroza vacía en que va siempre el último Austria? ¿Por qué esa pompa de ejecución capital empañando el sentido pastoril de ese sol entre espigas y reviviendo siempre la antigua estampa del auto de fe?

LO SUBCONSCIENTE

SANCTUS, Sanctus, Sanctus! —Esta triple invocación repetida por los sacerdotes católicos durante la liturgia, me trasladó muy lejos de allí, al Templo de Salomón, donde los sacerdotes del antiguo culto hebraico la declararon tantas veces en su apasionado idioma: *¡Kadosch, Kadosch, Kadosch!*

Seguían las preces de letra latina, vibraban los sistros de los acólitos: pero yo estaba muy lejos de allí, y recordando viejos textos, contemplaba la letra de la prez hebraica.

¡Kadosch! ¡Kadosch, Kadosch! — ¡Santo, Santo, Santo, Señor Dios de los Ejércitos! ¡Cuántas veces resonaron así llenas de apremio en los días de angustia de Jerusalén, invocando al Dios único esas palabras que ahora declaman sacerdotes católicos, alternándolas con aquellas otras de invocación a Jesús y a María! Al oírlas yo creía descubrir algo propio entre aquel botín de fórmulas latinas, y no podía menos de estremecerme.

—*¡Kadosch, Kadosch, Kadosch Sebaot!* —Pero esas palabras llenas de majestad sólo podían resonar bien en un templo inmenso y desnudo de toda imagen, en el que ellas solas se elevasen al modo de lirios y de espadas, caminando sin obstáculos hasta el trono del Único.

Legiones de ángeles, creadas por el verbo de los sacerdotes, palabras, ángeles ellas mismas, maniobrando en un campo inmenso. Allí, declamadas por sacerdotes de un rito plural, parecían un sarcasmo al viejo dios cautivo que había querido ser adorado único.

Pero a pesar de todo, era dulce el oírlas, mezcladas al ritual latino, perdurando en la lengua de la nueva Iglesia, como una reliquia del antiguo Templo, como una de sus más recias columnas.

—¡Sanctus, Sanctus, Sanctus! —El viejo dios semita subsistía, era invocado por voces sacerdotales. Y a la evocación de su nombre surgía también un pueblo de negras barbas y pupilas ardientes que yo descubría de pronto entre los fieles arrodillados.

Desaparecían las imágenes entre el humo del incienso, el templo se convertía en una sinagoga y por todas partes rostros morenos y tristes parecían encenderse en misteriosa luz.

Sin duda, descendientes de conversos entre aquella muchedumbre habían vibrado nostálgicamente al oír aquella invocación: ¿era aquella emoción íntima la que hacía aún temblar sus barbas?

De pronto, me pareció oír que alguien a mi lado, en voz confidencial, murmuraba:

—Como en Sefard no hay sinagogas, yo vengo a la Iglesia de los cristianos, a oír estas cadencias hebraicas...

Pero yo no tenía a nadie a mi lado y era de mí mismo, sin duda, de donde había brotado esa voz inconsciente...

EL MISTERIO DE DON ISAAC

Famoso era entre los mercaderes de cuadros antiguos el banquero don Isaac Dacosta, de la raza elegida y proscrita. Eran su especialidad las imágenes del Nazareno, y a sus manos iban a parar todos esos lienzos borrosos en que la efigie del Crucificado parece todavía más lacerada y sangrienta. Don Isaac poseía una magnífica colección de Cristos, de todos los estilos y épocas: Cristos atados a la columna o clavados en la Cruz. Eccehomos con la caña irrisoria en las manos, sufriendo mansamente la befa de los sayones, toda la gama, en suma, del divino dolor. La colección de Cristos del famoso banquero hubiera despertado la codicia de todos los amantes del arte religioso; era un museo incomparable formado a fuerza de dinero y de tiempo, pues durante muchos años, don Isaac había adquirido cuantos ejemplares de la iconografía nazarena le ofrecieran los marchantes; y muchos de aquellos cuadros procedían de templos históricos, a los que la impiedad del siglo iba despojando de sus preseas.

¿Qué haría don Isaac con aquellas imágenes de otra fe y otro culto? ¿Era un placer sádico el que le impulsaba a comprar aquellas obras de un arte sagrado que él no podía comprender, para sentirse su carcelero y gozarse en la contemplación de sus llagadas efigies? ¿O era un sentimiento de misteriosa simpatía hacia el Nazareno, eterna preocupación de su raza en él glorificada y elevada a la categoría divina? ¿Era que buscaba en su rostro el secreto de aquella fascinación que había subyugado a los *góyim* obligándoles a doblar la rodilla ante un joven judío humilde y harapiento?

Lo cierto es que a su alrededor, una muchedumbre de Cristos, de hombres, si queréis, imponente por el prestigio de las telas sombrías, se estremece, surge de los rincones, muestra sus sangrientas frentes, sus pechos llagados, sus espaldas acardenaladas, parece suspirar y gemir y lanzar alaridos supremos como el del Calvario. Don Isaac, que ha estado aquella tarde en la sinagoga, rezando las preces del destierro y rememorando las amarguras de la persecución, pasea por entre sus Cristos sereno, impasible, con una sonrisa misteriosa; sus ojos expertos pasan revista a todos sus divinos presos; los hay rubios como mancebos de Holanda, dorados y plácidos en su dolor como dioses de la Italia clásica, morenos y renegridos como hidalgos de España; todos ellos, sobre todo los últimos, le han hecho a su raza algún agravio. ¡Oh Cristos de España, que presidíais los quemaderos! Y don Isaac sonríe misteriosamente frotándose las manos; ahora ellos están en su poder, son sus cautivos, más aún, sus esclavos, pues los compró por un precio, son suyos, y si él quisiera podría infligirles la misma tortura que sus adoradores de antaño infligieron a sus abuelos. Y la mano de don Isaac se acerca amenazadora a las sacras efigies armadas de la antorcha... Pero no; de pronto vuelve a los labios del banquero la misteriosa sonrisa, esa sonrisa amarga e irónica con que su estirpe pretende vanamente hacerse grata; y don Isaac, dejando la antorcha prendida en un candelero, siéntase en un gran sillón de solemne respaldo, en medio de su pueblo de Cristos.

Está allí entre ellos como un juez, como un vengador, nuevamente sereno e impasible; erguido el busto, recuerda las figuras de los inquisidores en las láminas antiguas; cruzadas las convulsas manos, parece pedirles cuenta de las torturas que en su nombre unos sacerdotes impusieron a su pueblo: a veces, se estremecen sus labios como si fuesen a pronunciar una sentencia, por la cual se renovase la pasión que en aquellos lienzos perdura. Don Isaac tiene el gesto de un antiguo pontífice del Sanedrín de Jerusalén, que condenara al hijo funesto y desgraciado de la sinagoga. Pero luego, diríase que el dolor múltiple que aquellas imágenes reflejan vence su ancestral encono. Acaso cree ver en aquel pueblo de Cristos a su propio pueblo de mártires, y en aquella pasión innumerable, la innúmera tortura de su raza: ¿no tienen todas aquellas efigies, a pesar de las diferencias de país y de escuela, rasgos del tipo semita? ¿No le recuerdan algunos, sobre todos los de España, a sus padres y sus abuelos, perpetuados en viejas miniaturas? ¿No es también aquel Cristo único y múltiple como un judío errante, quemado a veces y apastelado otras por el sol y las nieblas de todos los climas? Y además, ¿no es ya ese Cristo un vencido, a quien la falta de fe y la codicia expulsa de los templos? Y D. Isaac se retuerce las manos perplejo; y le parece que todos aquellos bustos de su raza le imploran en nombre de la sangre común, y le dicen: "No nos condenes, hermano, puesto que al fin lo somos tuyos, y vendidos por los nuestros, estamos en tu casa."

Todo esto lo oye y lo siente don Isaac como si fuese la realidad misma; y esas sesiones a solas con sus Cristos quebrantan de tal modo sus nervios, ya alterados por la tradicional neurosis de su estirpe, que al día siguiente está pálido, como otro Cristo, y en sus ojos hay huellas de llanto. Y poco a poco va enflaqueciendo de un modo que alarma a sus amigos en la sinagoga. Don Isaac parece doble de viejo de lo que es realmente, pues apenas si el sol de los cincuenta años se alzó sobre sus sienes. El rabino que le distingue como a uno de los más firmes pilares de la comunidad, inquiétase al ver su aspecto de enfermo, y suponiéndole entregado a profundos estudios cabalísticos, le recomienda cuidado, recordándole la frase talmúdica:

—¡Quien anda entre fantasmas, concluye por serlo!

Don Isaac se sobresalta. ¡Verdaderamente es así! ¡Y él mismo se siente ya un fantasma! Pero a pesar de todo, persiste en su manía de coleccionar Cristos: compraría cuantos le llevasen, compraría todos los Cristos de la cristiandad. Siente ahora un placer misterioso en arrebatar a los enemigos de su raza esa imagen del Dios judío, y es como el negrero y al par el rescatador de esas obras de la fe y el arte. Diríase que tiene la misión de devolver multiplicado el bolso y el gesto de Judas. Y no se crea que han cambiado los sentimientos de Don Isaac y que obra así movido del amor que anuncia las conversiones; Don Isaac no ama a los Cristos ni los odia tampoco; está simplemente bajo el poder de una obsesión, cada vez más irresistible.

En la noche del Día de la Expiación, en que todo Israel llora con la frente contra el suelo e implora de Jehová el fin de su destierro, en la noche de ese día en que todos los recuerdos de su dolor milenario reviven con terrible fuerza en el corazón de los proscriptos, Don Isaac bajó una vez más a sus misteriosas catacumbas, encerrándose a solas con su muchedumbre de Cristos. ¿Qué pasó en aquella sesión suprema? Hay quien asegura haber oído en el silencio de la noche voces como de varias personas que hablasen en tono vehemente y exaltado. Lo único verdaderamente cierto es que a media noche declaróse un incendio voracísimo en las habitaciones subterráneas del banquero; que el incendio pudo ser localizado, sin que se propagase al resto de la casa; y que al penetrar en esas habitaciones, los criados de don Isaac encontraron su cadáver carbonizado entre los restos de sus famosos cuadros que habían ardido también. ¿Fué acaso un auto de fe, inconsideradamente practicado por el obseso, sin pensar que podía costarle la vida? ¿Pretendió vengar en los Cristos el milenario dolor de sus hermanos y aquéllos obraron un milagro castigando su osadía? ¿O simplemente que acometido de un ataque epiléptico, cayó súbitamente al pie de sus cuadros, provocando un incendio con la antorcha? Y aunque así sucediera, ¿cayó fulminado por la gracia como Saulo o por el anatema como Juliano? . . .

La muerte del banquero Isaac fué muy sentida por los mercaderes de cuadros religiosos, cada día menos apreciados por una humanidad que ha perdido la fe. Isaac el hebreo fué uno de los últimos enemigos y amigos de los Cristos . . .

AMNESIA OFENSIVA

AQUEL amigo judío, venido del Oriente a esta tierra de Sefard en busca de las huellas de sus antepasados, me hablaba de sus peregrinaciones por la tierra querida y hostil, por las viejas ciudades donde en otro tiempo hubo comunidades florecientes y sinagogas en que voces fervorosas entonaban loores a Adonay y cementerios en que las graves letras hebraicas relucían con una majestad oportuna sobre los sepulcros.

En todas partes había ido buscando el eco de las voces antiguas, la huella de los pasos desvanecidos de su pueblo, y en todas partes había evocado inútilmente las sombras de esos ascendientes misteriosos. Sólo ruinas, vestigios irreconocibles se le habían ofrecido a la mirada; y en vano había preguntado a las gentes, olvidadas ya de la tragedia, a aquellas gentes nacidas de la estirpe de los inquisidores, algún recuerdo de sus víctimas.

¿Los judíos? Nadie se acordaba ya de ellos para compadecerlos ni para execrarlos: los habían olvidado ya del todo, era como si nunca hubiesen existido; y aquel olvido absoluto era para el descendiente de los desterrados más ofensivo que el mayor ultraje.

¿Cómo habían podido olvidarse así de ellos para no sentir remordimiento por su crimen, para no estremecerse más a la evocación de la tragedia que a él todavía, al través de los siglos, le encendía en santa indignación?

He aquí que venía a la antigua Sefard ávido de ofrecerse a todos los peligros, a todas las iras y a todas las piedades, esperando ver vibrar aún a las gentes de horror o de lástima al solo nombre de judío, y sólo hallaba ese olvido que era como una vergonzosa amnistía concedida a la raza nefanda. Parece que así nos perdonan a nosotros —pensaba— y son ellos los que perdonan a sí mismos, puesto que son ellos los culpables. Se han eximido de toda contrición.

Y en Segovia, en Toledo mismo, en esos escenarios de la antigua tragedia, y en esas ciudades donde aún se leía en ciertos lugares rótulos borrosos que decían: "Barrio de los judíos", él interrogando a la gente del pueblo, a las mujeres, a los jóvenes, hallaba siempre el mismo silencio de ignorancia.

—¿Qué judíos eran ésos que habitaban aquí? ¿Y quiénes eran los judíos?

Y las bocas callaban y se fruncían las frentes en la angustia del recordar inútil. ¡Eran los judíos... algo así como los moros! ...

No sabían decirle más y se encogían de hombros. Habíase perdido ya toda tradición del judío, de su figura, de su religión, de sus supuestos crímenes; y él, tipo característico de la raza, encontraba en uno su rostro moreno y su nariz nazarena en aquellas gentes que no sabían ya descifrar aquel jeroglífico vivo.

—Se diría —pensaba él— que toda esa persecución y ese éxodo terrible fué sólo una leyenda, que la Inquisición no quemó a nadie, que no hubo en esta tierra mártires de Israel, que yo no he tenido aquí abuelos inmolados.

—¿Quiénes eran esos judíos? —preguntaba a los hombres ingenuos, a las mujeres, a los viejos, que podían estar más cerca de la tradición—. Y siempre la misma respuesta: "¡Los judíos!". Y al mirarlo a la cara con el enfado de la rebusca inútil, no acertaban a decirle: "¡Judío eres tú!".

Y él se exasperaba, se enardecía de indignación, sentía impulsos de realizar actos temerarios. Él, que venía de otros países de Europa, donde el judío era una cosa viva y una actualidad, sentíase desvanecido de pronto, borrado en esta Sefard olvidadiza, donde el nombre de judío no suscitaba ningún escándalo.

—Sería capaz de cometer algún sacrilegio —pensaba— con tal de despertar la conciencia dormida de este pueblo y hacerle acordarse del judío. Pero ¿qué conseguiría tampoco? Ya no lograría hacerme quemar como a mis antepasados, hacerme quemar como un judío; todo lo más me juzgarían como a un hereje, como a un protestante y la diplomacia intervendría: sería considerado como un extranjero ignorante de las costumbres del país.

En la antigua Sefard ya nadie se acordaba de los judíos como de una cosa viva: sólo los eruditos, los hombres de letras recordaban al judío, sin amor y sin odio, como a una lámina de viejos códigos.

Y el sefardí seguía incansable preguntando a las gentes del pueblo, en las viejas ciudades, en el lugar donde antaño se alzaban las antiguas juderías, en el solar de los antiguos templos: "¿Pero quiénes eran esos judíos que moraban aquí?".

¡Cuánto habría agradecido que le hubieran dicho: "Eran unos usureros, unos criminales que mataban a los niños cristianos para sacarles la sangre y hacer sortilegios, unos seres monstruosos a los que tuvieron que quemar y torturar y expulsar finalmente." ¡Sus abuelos, entonces, hubieran sur-

gido de sus tumbas ignoradas, de sus hogueras extintas, co-
ronados con el nimbo de los mártires! Pero no; solamente
el silencio y el olvido; y él solo en aquella tierra de tragedias crueles para recordar la injusticia hecha a su raza y
llorarla y lamentarla en silencio, sin poder decir: "¡Yo soy
descendiente de esos que llamáis monstruos, de esos mártires, de esos santos: yo también adoro a Adonay y abomino
de los ídolos... quemadme como a ellos!".

Una vez creyóse a punto de lograr su anhelo al interrogar
a una vieja que parecía una sibila de antiguas tradiciones.
"¿Los judíos? ¡Los judíos fueron los que mataron a Cristo!"

—Bien, bien, sigue, buena vieja, ¿qué más hicieron los
judíos en Sefard, qué hicieron?

La vieja realizó un esfuerzo inaudito. Luego bajó des-
alentada la cabeza: "¡Cosas muy malas... judiadas!" Y
calló como envejecida todavía más por el esfuerzo.

—Sigue, sigue, buena vieja —y le dió unas monedas para
alentarla—. Ella rebuscó en su memoria y murmuró peno-
samente: "Hacían hechicerías, quemaban las hostias... tenían pacto con el diablo..."

—Bien, bien; pero ¿dónde están ahora? ¿Qué se hicieron?

La vieja decretó sibilina: "Se los llevó a todos el diablo;
¡eran diablos todos ellos!".

Repetía leyendas confusas, indeterminadas, pero su vieja
carne no se estremecía. Ignoraba el destino de los expulsados, nunca había pensado en ellos: los consideraba seres
fantásticos. Y él contuvo el grito inútil: "Pues aquí tienes
un judío de carne y hueso, vieja, un descendiente de aquellos hombres criminales; horrorízate, maldíceme, hazme la
señal de la cruz. Clama para que vengan las turbas de cristianos y me quemen".

¿Para qué? Lo hubieran tomado simplemente por un
loco. Se alejó de la vieja y desistió de interrogar ya a nadie

sobre los misterios proscritos, resignándose a recordar él solo en un silencio terrible, la tragedia que ya sólo a él le hacía temblar en esta tierra, osario ignorado de las víctimas.

Luego, en las bibliotecas, en los archivos, hablando con los eruditos que sabían de esas cosas, él se lamentaba de ese silencio que cubría como una tierra densa, irremovible, los alaridos de los mártires.

—Debería usted felicitarse de ello: eso le demostrará que entre nosotros no hay antisemitismo. No lo ha habido nunca; se ha exagerado mucho nuestra leyenda negra. La Inquisición sólo quemó unas doscientas personas.

La voz del erudito suena optimista, indiferente también. También él ha olvidado y le brinda la amnistía de ese olvido. Pero el sefardí grita:

—No, no me felicite por ello. No hay antisemitismo, porque no hay semitismo. Nos habéis olvidado y eso es lo más triste. No existimos para vosotros. Nos quemasteis, nos expulsasteis tan completamente, que ya nada nuestro queda en vuestro corazón. Podéis dormir tranquilos, sin remordimientos ni sonrojos y aún podéis ufanaros de ese olvido que os proclama magnánimos. Pero yo os digo que no olvido, que ese silencio que echáis sobre vuestras víctimas, ese silencio de desierto y de huesa aventada es la última crueldad que cometéis con nosotros, pues borráis así hasta el último vestigio de nuestros mártires y nos negáis todo derecho al desagravio. Vuestro olvido hace de nosotros fantasmas y sería preferible ese odio que nos reconoce hombres y ese martirio que arranca de nuestras venas una sangre viva y nos hace sentirnos judíos, seres excepcionales, santos y malditos a un tiempo, ante los cuales nadie puede permanecer indiferente, sin un temblor de admiración o de anatema y sin la inquietud de un tremendo misterio.

UN POETA HEBREO DE VANGUARDIA

COMO un meteoro apocalíptico cayó sobre la pequeña comunidad judía de Madrid aquel joven terrible que se llamaba León Azenbat, "poeta hebreo de vanguardia".

Venía de Marruecos, de esa África tenebrosa, de donde en otro tiempo irrumpieron en la península los almohades, los almoravides y los benimerines como plagas asoladoras. León Azenbat, él solo, era una de esas plagas terribles.

Cuando le vieron llegar, los israelitas ingenuos y fervorosos de la pequeña comunidad sefardí temblaron llenos de pavor y se mesaron sus barbas trémulas. Aquél era el Anticristo hebreo, la última calamidad, la plaga azenbática, anunciada para el fin de los tiempos.

León Azenbat era un compuesto sintético de todos los explosivos revolucionarios: ateo, bolchevique y sobre todo "poeta de vanguardia". ¿Podía concebirse a un descendiente de los profetas, de los salmistas de la Biblia, cultivando la absurda poesía "Dada"?

"Zapatos. Manicura. Odontólogo.

Ondulación Marcel. Yo soy Jehová vuestro dios.

Hazte la permanente".

Menahém Soriat, el banquero tronado, paisano de Azenbat, que lo había conocido jugando de niño en el Zoco chico de Alcazarquivir, le decía indignado:

—¿Pero éstos son versos, hombres? ¿Y está bien que tú, un poeta del pueblo elegido, se ponga a imitar a los *góyim* de Montmartre? ¿Por qué no cantas, como Isaías, las glorias de Adonay? ¿Dónde hay cosa igual a aquello de "Los cielos cantan la gloria del Señor y el firmamento anuncia la obra de sus manos"?

—Menahém —contestábale el poeta de vanguardia—, déjate de estas cosas, que tú no entiendes de versos. Ni tampoco de finanzas, puesto que te has dejado despojar por el magnífico Dr. Sauer. Esos versículos de Isaías no están mal del todo, puesto que dejan entrever ya el arte del anuncio lírico, pero esa publicidad hay que aplicarla hoy, no a ensalzar a Adonay, sino a algún fin útil, como por ejemplo: "Los cielos cantan la gloria del carmín para los labios Labicoeur".

Menahém se cubría la cara con las manos ante aquella blasfemia y se alejaba triste, seguido por la mirada compasiva de Azenbat. Luego el poeta lanzaba una carcajada jovial, amplia, fresca e infantil como la que pudiera lanzar un ángel.

—Estos pobres hombres, estos miserables judíos, apegados al ghetto, no comprenden que yo soy un poeta de vanguardia y no puedo cantar esas antiguallas que ellos adoran en sus sinagogas venerables.

"Yo soy un espíritu moderno, emancipado, que no me encorvo bajo el *talit* como bajo un yugo para musitar viejas preces ineficaces y ridículas; yo no canto la gloria de Dios, porque yo mismo soy un dios. Si ellos adoran a "Jeovat", yo no adoro más que a Azenbat"

Y el poeta tornaba a reír infantilmente, celebrando el retruécano.

La idea de la divinidad azenbática sugirióle a Azenbat la composición de una serie de poemas, que reunió bajo el título de "Dioses sin dios" y leyó en una velada del "Ateneo teósofo y vegetariano". Los periódicos publicaron una breve reseña de la lectura y el retrato del poeta que, no se sabe por qué deficiencia del fotógrafo, aparecía como un retrato cubista deliberado, irreconocible. En cambio, se veía muy bien encima de la mesa el ritual vaso de agua, indispensable en toda lectura. Azenbat decía para consolarse:

—A mí no se me ve, porque, después de todo, el poeta moderno no debe tener cara propia. Debe reflejarlo todo. Su cara es un espejo o un vaso. Algo aceptivo, acogedor.

Y añadía:

"Lo más interesante es sugerir las cosas. Por eso, para una lectura o conferencia, no haría falta lector ni conferencista. Bastaría con poner sobre la mesa un vaso de agua. De igual modo que lo principal en un poema es el título. Todo lo demás huelga.

Azenbat estaba encantado con el título de su serie lírica "Los dioses sin dios" y apenas daba importancia a los demás.

—Fijaos bien —decía—, dioses sin dios. Todos dioses y ningún dios. Es una fórmula equitativa y pacifista. Si todos somos dioses, todos somos iguales y se acaban las luchas. Los superhombres no riñen. Lo malo es que haya un solo Dios. Eso es acaparar toda la divinidad y debemos ser enemigos de los monopolios.

La noticia de la lectura de las poesías azenbáticas produjo un malestar físico al ex banquero Menahém:

—¡Un judío, un miembro de la congregación de Israel, negar a Dios! ¡León —clamaba—, que vas a hacerte digno del anatema! ¿Tú concibes a un judío ateo? "Sois una raza de sacerdotes", ha dicho Adonay. ¡Y tú, judío, lo niegas! Parece mentira que seas el mismo León que yo veía jugar, de niño, en el Zoco chico de Alcazarquivir!

—¡Bah! ¡Déjate de patetismos! —replicaba Azenbat, riendo con su risa fresca, petulante, infantil—. Soy el mismo León de entonces, sólo que ya le ha crecido la melena —y se revolvía la negra pelambre—. Así como tú eres el mismo Menahém al que yo veía salir borracho de los cabarets por las mañanas, cuando iba al colegio. Nos conocemos muy bien; de modo que cállate, fariseo.

León Azenbat llevaba así en Madrid una vida alegre, fresca y despreocupada. No hacía más que escribir, e-s-c-r-i-b-i-r como él decía enfáticamente, recorrer los cafés patinados de literatura y clamar allí, de pie, ante los espejos. Cuando tenía algún apuro económico, Azenbat recurría a los banqueros de su raza en demanda de un empréstito. Y los banqueros le facilitaban el subsidio a título de catéquesis.

—Toma —le decía Menahém—, ¡y quiera Adonay que acabes de comprender la grandeza de tu religión!

En tales momentos, León se dulcificaba un poco, condescendiente.

—Pero hombre, Menahém, ¿no te das cuenta de que yo soy un poeta de vanguardia y un poeta de vanguardia no puede cantar ciertas cosas que resultan ya viejas y polvorientas? La Biblia ya está escrita. Yo tengo que escribir la Antibiblia.

—¿Pero por qué eres poeta de vanguardia? —inquiría Menahém desolado.

—Pues porque tiene que haber poetas de vanguardia, como los hay de retaguardia, y poetas futuristas como los hay pasatistas, porque el cosmos es un complejo sintético ¿entiendes?

Menahém no se atrevía a objetarle. No quería irritar al León.

Y León Azenbat seguía paseando por la capital de Sefard su gesto olímpico y su genio incomprendido. Todos los días dejaba en la redacción de todos los periódicos madrileños sendos poemas suyos, que nunca se publicaban. Los ordenanzas no le dejaban pasar a los despachos directoriales. Azenbat lo sabía y era ya cosa convenida. Todos los días dejaba su poema y se iba. Por lo menos, el entrar y salir por los portales de las redacciones le confería categoría literaria.

Azenbat se desquitaba de la incomprensión y el anónimo, escribiendo su nombre en todas partes donde podía, en los muros de las calles, en los "water" de los cafés. Junto a los rótulos clamorosos de "¡Viva el fascio!" o "¡Abajo el fascio!" "¡Viva Lenín!", aparecía intersticial e insidioso este otro tan inocente "¡Viva León Azenbat, poeta judío de vanguardia!". A veces, para despistar, trocaba el viva en muera: "¡Muera Azenbat!". Acaso esperaba ver escrito debajo otro día: "¡Viva Azenbat!".

A todo esto, a León Azenbat se le acababa la ropa interior, los pantalones se le desflecaban y cada vez le estaban más anchos. Bajo el frío guadarrameño cruzaba las calles encogido, a cuerpo, con las manos crispadas sobre su poema de cada día, ofreciéndolo como un pan, que nadie quería. A su paso, se hacía el desierto a su alrededor. La calle Alcalá se quedaba desierta; desde que él asomaba por la esquina del Banco, había un "sálvese el que pueda" general en taxis. Todos huían despavoridos ante la amenaza del alfanje agareno del poeta. Y Azenbat, ante aquella fuga cruel, murmuraba tiritando de frío y de amargura:

—¡Los *góyim!* Me huyen verdaderamente como a un judío de la Edad Media, como a un judío apestoso.

Azenbat tuvo unos días de serenidad y esplendor, cuando en sus peregrinaciones por los divanes de los cafés conoció a Gretchen, una alemana sentimental y pecadora. Gretchen se llevó a su pensión al poeta, como la Magdalena a Cristo, y si no le engujó los pies con sus cabellos fué porque los tenía cortados. Desde aquella noche del encuentro, León se pasaba los días acostado, haciendo versos que luego le leía a la alemana, maravillada y enternecida. Hagamos notar que por entonces, el poeta de vanguardia se humanizó y empezó a cantar cosas sencillas y comprensibles. La alemana lo tenía encerrado en su cuarto como a un ruiseñor y dos veces al día le alimentaba con plátanos. "Yo soy vegetariano, como Bernard Shaw" —decía León.

Pero el idilio fué como todos los de su clase, efímero. Gretchen se hartó un día de sufrir el olimpismo del poeta de vanguardia y se fué de la pensión dejándolo allí olvidado como un paquete. Y el poeta se vió lanzado violentamente de aquel paraíso de los plátanos y tuvo que empezar otra vez sus peregrinaciones postulatorias. Ahora León atacaba con saña, como para vengarse de los *góyim* que habían martirizado a sus ascendientes. "¡Saco dinero y vengo a mi raza!"

En la desesperación de su aislamiento, Azenbat se crecía y sacaba cada vez hacia adelante su nariz afilada de judío, como un cuchillo natural. Su entrecejo negrísimo prosperaba como un yerbato de cuerpo abandonado. Azenbat recorría las calles, ofreciéndose al salivazo de los *góyim*. A veces, lamentaba que no hubiera ya autos de fe. "Sería un reclamo estupendo" —pensaba. Azenbat se multiplicaba, estaba en todas partes, surgía al borde de las masas de todas las peñas literarias, siempre de pie, por no tener para pagar la consumición.

—Por lo menos que traguen al judío. Me pondré en el

hombro una rueda amarilla, con un letrero que diga: "León Azenbat, poeta hebreo de vanguardia". —Un día decidió constituir él solo un fascio judío.

Pero en medio de su desesperación, jamás la euforia le abandonaba. Era otra forma de desesperación agresiva y narcisista. Cuando tenía unas monedas, Azenbat se sentaba para ocupar más sitio en un diván del café y escribía himnos a su genio ignorado. Luego se los leía a los camareros somnolientos. Por aquella época, Azenbat, favorecido por la buena estación, había simplificado la indumentaria y vestía un *jersey* de colorines, de deportista. En ese atuendo elegante, merodeaba por los cafés selectos y hacía el amor a las viejas ricas. "Buscaré una madrina rica y me convertiré —decía—. De ese modo podré publicar mis versos en "A B C" como González Ruano". Azenbat estaba decidido a todo: a convertirse, a arrojar una bomba de mano, a pegar fuego a la sinagoga donde se reunían sus correligionarios que no le ayudaban, incapaces de apreciar su mérito.

Pero todos sus esfuerzos por la gloria resultaban frustrados. Su amigo Menahém le decía:

—Desengáñate, León, tienes la *schlemylade*. No serás nunca nada. Lo mejor que podrías hacer, es volverte a Alcazarquivir con tu vieja madre y coger de nuevo las tijeras de peluquero. (Azenbat había sido antes peluquero de señoras y hecho la permanente a las judías ricas de su pueblo antes de pretender hacérsela a las musas). Pero Azenbat rechazaba indignado esos consejos.

—De ti, asqueroso Menahém, no puedo aceptar más que tu plata roñosa, previa desinfección —contestaba, riendo con su carcajada ruidosa como una bomba de risa. Su carcajada olímpica, feliz, atronadora con la que se fingía toda una multitud riendo sus chistes.

—Yo he de triunfar en Madrid y tú vendrás a lamerme las botas.

Y Azenbat continuaba afirmándose, multiplicando los letreros ditirámbicos en los retretes y en los muros de las calles. "Manifestaos el primero de mayo — Leed a Azenbat — Libertemos a Thaelmann — Leamos a Azenbat — ¡Viva el camarada Dimitrov! — ¡Viva León Azenbat, poeta de vanguardia!". Otras veces, ponía tan sólo su nombre repetido muchas veces, como en un delirio: "Azenbat, Azenbat, Azenbat, Azenbat". Donde no conseguía escribirlo era en las planas de los periódicos. Los directores le habían declarado el *boycot* y él se consideraba una víctima social. Pero no eran sólo los directores sino todos los literatos triunfantes quienes *boycoteaban* a Azenbat. El poeta hebreo de vanguardia sólo hallaba acogida en el seno paternal e irónico de don Jacinto (don Jacinto era Benavente). Azenbat se tributaba a sí mismo elogios hiperbólicos, poniéndolos en labios de don Jacinto. "Como dice don Jacinto: 'Azenbat, el día que usted se decida a escribir para el teatro, hará cosas extraordinarias'. Sólo que yo le digo: 'Don Jacinto, el teatro es un arte inferior'. 'Ah, eso sí —contesta don Jacinto—. El arte puro es el de usted, Azenbat".

Azenbat recurría también al truco inocente de escribirse a sí mismo cartas de admiradoras y enseñarlas en el café. "¡Hombre! —decía displicente—. Me ha escrito una dama inglesa que conoce todas mis obras . . . "

Pero todas estas argucias, toda esta enorme cantidad de ingenio publicitario que hubiera enriquecido a un profesional del anuncio, no le resolvían a Azenbat el angustioso problema del puro subsistir biológico. Azenbat estaba cada día más flaco. Se estilizaba en nariz, entrecejo y dos ascuas ardiendo en el lugar de los ojos. Menahém lo observaba con inquietud. Un día descubrió en su frente una guirnalda de manchas rojas menudas y encendidas como rosas.

—Azenbat —le dijo al poeta—, al fin te han emporcado las hijas de la seducción. Estás avariósico.

—Es verdad —asintió el poeta—. Debe ser recuerdo de Gretchen. Pero eso qué importa. La avariosis es una cosa elegante, moderna, digno complemento del hombre civilizado. La avariosis no florece entre las razas primitivas e incultas. Allí sólo florece la lepra. La avariosis es una vacuna de civilización. La lepra es bíblica y reaccionaria. Convídame a un *coctel* para celebrar mi ingreso pleno a la humanidad civilizada. Los antiguos romanos se ceñían coronas para celebrar sus orgías. Pues yo ya tengo mis rosas naturales.

Y rió con su risa amplia, ingenua de niño.

Menahém, serio, le dijo:

—Mira, Azenbat, basta de bromas. Creo que te debías volver a Marruecos, por una temporada, para tratarte la sífilis y reponerte un poco. Con unas inyecciones de salvarsán judío que te ponga el doctor Abensar, quedarás como nuevo. Y luego podrás volver a Madrid con nuevos bríos, que te facilitarán el triunfo. ¿Quieres acompañarme allá en mi próximo viaje?

Menahém había cogido al poeta en un momento de depresión.

—Marruecos —murmuró cual si recitase una oración de infancia—. Marruecos, pitas, palmeras, morabitos encalados, chechias rojas, violentos azules de alquiceles... sol...

—Sí, y al final una madre y unas hermanas que te quieren mucho.

—Acepto —declaró Azenbat—. Me iré, pero para volver a Madrid, porque yo no renuncio al triunfo. Amigo Menahém, no te lo digo para que me lo agradezcas, pero todo lo que yo he luchado en Madrid, ha sido por la raza, por imponerles a estos hijos de cura el nombre de un poeta hebreo genial. Yo siempre me he titulado: "León Azenbat poeta hebreo de vanguardia". De vanguardia, pero hebreo.

Menahém le estrechó la mano conmovido.

Y León Azenbat, poeta hebreo de vanguardia, tornó de nuevo al África nativa, como un león de verdad. Se fué a escribir su nombre en las paredes blancas de las zauias, en las hojas de las chumberas, en las arenas de los caminos. Se fué, pero su espíritu quedó flotando sobre los españoles. Sólo se había ido a medias. Por encima del Estrecho, la catapulta del correo empezó a lanzar sobre los directores de periódicos, sobre los literatos famosos, paquetes de periódicos mogrebíes, llenos de artículos ditirámbicos y llenos de erratas sobre León Azenbat, el gran poeta hebreo de vanguardia que había triunfado tan rotundamente en Madrid. Se insertaban en ellos opiniones de Unamuno, de Valle-Inclán y naturalmente de don Jacinto, ponderando el genio de Azenbat. "Es usted un poeta maravilloso" — "Es usted un poeta estupendo" — "Es usted el primer león lírico y el primer lírico leonino. No se puede decir más."

—Ese Azenbat no nos va a dejar nunca tranquilos —gemían en las tertulias literarias—. ¡Es insoportable! ¡Es insufrible! ¡Es intolerable! ¿Dónde estaremos libres de Azenbat?

Pero Azenbat era ubicuo. Su voz se filtraba por la radio, y se introducía en los hogares. "Ahora vais a escuchar unos poemas originalísimos del gran poeta hebreo de vanguardia, León Azenbat". Y antes que pudierais cerrar el aparato, ya habíais oído la voz ceceante, afirmativa y enfática del terrible león lírico.

León Azenbat triunfaba desde África.

DON MENAHÉM PINHAS

ON Menahém Pinhas, el búlgaro, había venido a Sefard atraído por los ecos de la campaña del doctor Florido, que habían llegado hasta allá, hasta aquel extremo de la Europa balcánica, recogidos por los periódicos hebreos, escritos en un "ladino" ya adulterado. En aquellos caracteres cuadrados y toscos, don Menahém había descifrado el misterio del amor que España sentía de pronto por los antiguos desterrados y en seguida una gran nostalgia de la vieja Sión sefardí se había despertado en su corazón. Don Menahém envió cartas escritas en un estilo arcaico y versicular al doctor Florido y a Rafael Benaser, suscribió luego acciones de las emitidas para sus filantrópicas empresas por el doctor Sauer y un día, animado por aquel paraíso que las utópicas hojas de propaganda le pintaban en Sefard, realizó todos sus bienes y emprendió el retorno del Éxodo.

Don Menahém llegó a España, sobrecogido por la majestad de la leyenda caballeresca y magnífica de los españoles, lleno de una timidez que exageraba todavía más su pequeñez física. Era bajito y rechoncho, de una gordura fofa y pálida de eunuco. Tenía la cara imberbe y una calvicie prematura agravaba la impresión de madurez de sus cuarenta años. Hablaba con voz queda y respetuosa, cual si siempre se dirigiese a superiores. Y sus gestos eran siempre resignados y humildes. Todo en España le imponía. Estaba lleno de gratitud y de reverencia. Parecía agradecer a todo el mundo el que siendo judío, no le hubiesen quemado y le dejasen transitar libremente por las calles. Tenía de todos los españoles una altísima idea. Todos los hombres le parecían caballeros de romance y todas las mujeres, infanzonas o ricas hembras. Besaba las manos de todos los hombres y los pies de todas las señoras. Saludaba con profundas reverencias a los cobradores del tranvía, daba la mano a los camareros de los cafés y cuando tenía que preguntar por alguna calle a un guardia, le llamaba siempre "caballero guardia". Don Menahém no advertía el asombro burlón que su extremada cortesía causaba en todas partes, a pesar de que a veces se lo daban a entender bien claro. Un día, por ejemplo, el cobrador del tranvía, al apearse el judío, comentó: "Me da las gracias y todo. ¡Se figura que yo estoy aquí para servirlo a él y no a todo el mundo!". Otro día, como acariciase paternalmente a una niña pobre, la chica se revolvió y le dijo: "¿Por qué no soba usted a su abuela?" Y otra vez que se le ocurrió decirle a una chulapa: "¡Qué linda es usted, señorita!", la muchacha se llevó un dedo a los labios y seseó: "¡Ay Jesús, qué finolis!". Don Menahém no se daba cuenta de que el único hidalgo español que había en Sefard era él.

Pero a pesar de esos sofiones, don Menahém seguía practicando impertérrito sus fórmulas de cortesía oriental. Había en ello mucho de ternura y no poco de temor pueril. Tenía que hacerse perdonar su condición de judío. Además, él era un hombre manso y apacible y los españoles tenían una leyenda bélica espantable. Se lo confirmó así la visita que, a raíz de llegar, hiciera a las oficinas de la

gran compañía hispano-sefardí (La Chis) para preguntar cómo se cotizaban ya las acciones que él había adquirido. Encontróse allí con un caballero empleado, que se-
camente contestóle: "Hasta ahora no se han repartido di-
videndos". Y como don Menahém mostrase alguna extra-
ñeza, el caballero empleado díjole con dicción rotunda:

—Esas palabras envuelven una insidia que yo ni al mismo Moisés toleraría. Si insiste usted, me veré obligado a
pedirle una explicación.

Don Menahém, hombre pacífico, excusóse y se fué. Y
desde entonces, se propuso extremar sus miramientos con
aquellos arrogantes españoles. Su consideración extendíase
incluso a los sefardíes que encontró en la Península, em-
pezando por el magnífico señor don Isaac Farsi, el cual
se desquitaba con los asquenazíes de las llagas que en su
amor propio le abrían los católicos. Don Menahém era
sefardí, pero don Isaac le negaba ese honor, porque tenía
el pelo rubiasco y los ojos azules. "Usted es un asquenazí,
amigo mío, y no tiene talla para alternar con nosotros, los
sefardíes". El argumento de la talla era concluyente, pues
don Isaac tenía una estatura llena de prestancia. Don Menahém aceptó lo de su falta de talla y no intentó protestar.
A él nada de eso le importaba; tanto vale a los ojos de
Adonay el cedro como el hisopo, porque ambos son insig-
nificantes ante Él. Lo único que pretendía, era que le de-
jaran un sitiecito en la sinagoga. Y ese sitiecito se lo dejaban
por el momento. Luego llegó también el día en que tanto
a él como a otros correligionarios que eran verdaderamente
asquenazíes, les cerraron las puertas del templo en pleno
Kipur y los echaron de allí, llamándoles perros.

Don Menahém, pues, andaba por Sefard, todo tímido y
encogido, convencido de su insignificancia. ¿Qué era él,
pobre perro judío, entre aquellos caballeros y aquellas gran-

des damas españolas? De don Menahém abusaba todo el mundo y todo el mundo lo engañaba, menos en los negocios. Si don Menahém confundía un español de hoy con un caballero del Greco, distinguía muy bien la plata de ley de la falsa y gracias a eso, no acababa de arruinarse del todo. En su negocio de comprar y vender objetos de oro y plata, no había quien le engañase, como él no quisiese, por alguna razón sentimental. Porque don Menahém, pese a su aspecto de eunuco, era un pasional, al modo español. Tenía además, la costumbre inveterada de adicionar sus comidas con *yoghurt*, la leche agria de los turcos, y el *yoghurt*, según él decía, obraba en él por alguna razón misteriosa, un efecto afrodisíaco mirífico. Algunos días, don Menahém envidiaba el harem de su rey Salomón, con un año de mujeres para consumirlas en una noche.

Así que don Menahém el búlgaro, no podía resistir la soledad. Las noches se le hacían insoportables en aquel hotelito de la Prosperidad, que había alquilado con la idea de poder tomar baños de sol y en cuya puerta colocara, discretamente escondidos, las *mezuzot* rituales que todo israelita debe tocar con su mano antes de entrar y salir de casa, según los católicos hacen con los pies de los Cristos en las iglesias. Muchas noches, don Menahém no podía dormir en medio de aquella soledad silenciosa, bajo aquella catarata de estrellas que se detenían ante sus ventanas, entre arrullos de palomas y tórtolas, y se vestía y bajaba al centro de la ciudad, a los cafés y cabarets elegantes, en demanda de ruido y de risas rojas de mujeres.

En una de aquellas excursiones fué como conoció a Amparito, una muchacha encantadora que tenía una madre horrible. Amparito tenía un corazón romántico y sentimental y parecía contratada por el divino empresario para darle la réplica al sentimental don Menahém. La primera noche contóle una historia de tango declamada con acento español heroico. Su madre y ella eran de una noble, nobilísima familia castellana, entre cuyos antepasados se contaban duques, cardenales y hasta reyes. Últimamente habían venido a menos, porque su caballerosidad no se avenía con los nuevos tiempos mercantilizados; pero su padre había sido gobernador y ella se había criado con *nurse* e institutriz. "¡Sí, señor, hemos arrastrado coche!"— aseveraba suspirando la madre. Tanto Amparito como su madre, aunque frecuentasen lugares sospechosos, eran unas señoras. Es decir, Amparito era una señorita, pues según le dijera a don Menahém, aún a pesar de todo, conservaba sus azahares. "Aquí donde usted me ve, no me ha tocado nadie" —exclamó con tono patético en su primera entrevista. Amparito era también muy católica. Llevaba sobre el descote una gran cruz negra, orlada de brillantitos, falsos. Y era, sobre todo, muy linda y atrayente, con sus ojos tan negros y sus labios tan rojos.

Don Menahém, no hay que decirlo, la trató desde el primer momento como a una verdadera señorita y a su madre como a una verdadera señora. Ellas también lo consideraron desde el primer instante como a un caballero. Y por eso solamente se dejaron obsequiar por él con una cena y consintieron que las llevase a casa en taxi. "Porque se ve que es usted un caballero". Ante tales palabras, don Menahém se sintió lleno de gratitud, cual si le ciñesen al cuello el Toisón de Oro. ¡Ya podía despreciarlo don Isaac Farsi! Para aquellas damas españolas, él era un caballero. Don Menahém se irguió un poco desde entonces.

Don Menahém y sus honorables amigas volvieron a verse otras noches en el cabaret, hasta que un día, la madre de Amparito, la respetable doña Adela, propuso: "Puesto que ya vemos que es usted un caballero y puede tenerse confianza en usted, ¿por qué en vez de vernos aquí, no nos visita usted en casa, por las tardes?" —Don Menahém aceptó conmovido y desde entonces empezó a frecuentar la casa de doña Adela por las tardes, lo que no era obstáculo para que por las noches se viesen también en el cabaret. Pero empezó entonces una vida deliciosa y torturante para el búlgaro. Amparito le hacía sentir unos placeres incompletos y ardientes. Lo achicharraba en el fuego lento del noviazgo. Y ante las protestas de don Menahém, ya convertido en caballero español, clamaba: "No, yo soy una señorita honrada. Sólo he de ser de mi marido". —Y ponía sus manos sobre el pecho donde la cruz de ébano parecía defender un paraíso.

Don Menahém sufría horriblemente con aquel amor platónico, sobre todo las noches de los días que había cargado la mano en el *yoghurt*. Pero en fin, aquella tortura era también voluptuosidad. ¡Tenía una novia española! "¡Una novia!" —con qué énfasis declamaba don Menahém esa palabra lírica en su soledad. "¡Española y católica!... ¡Maravilloso!". Don Menahém crecía dos palmos en estatura. "¡Y el día menos pensado será mía!". Tocaba con la cabeza en el techo...

Un día, don Menahém quiso enseñar a Amparito y su madre su hotelito de la Prosperidad, donde tenía reunidas algunas curiosidades artísticas. Ellas aceptaron y fueron allá en un taxi, acompañadas del propio don Menahém. Éste tenía apercibidos allí pastas y licores, a más del obligado té de las cinco. Madre e hija examinaron un falso Greco, un falso Velázquez, y algunos cacharros de Sajonia y Sèvres apócrifos.

Luego tomaron el té en el comedor, todo de roble, buen estilo. Después, doña Adela, sofocada e hiposa, quejóse del calor y bajó al jardincito dejando sólos a los novios. El jardín era pequeñito, pero estaba bien aprovechado de plantas. Era abril y ya perfumaban las lilas. Pero doña Adela pensaba que cuando fuera suyo, tendría gallinas y conejos y faisanes y hasta un ave del Paraíso. En estas consideraciones se hallaba, cuando sintió un grito trágico y vió venir a ella a Amparito demudada y llorosa, aunque sin perder su aire altivo de infanta. Seguíala don Menahém balbuceando excusas y ofreciendo reparaciones.

—Ha atentado usted al honor de mi hija y efectivamente nos debe una reparación. ¡Confío en que se portará usted como un caballero y me pedirá su mano!

Don Menahém no deseaba otra cosa. Pero había una dificultad y debía confesarla.

—Yo estoy dispuesto a todo. Lo malo es que soy hebreo, judío...

Doña Adela hizo un gesto de horror primero y luego de benevolencia.

—Cristo murió por todos. Consultarían el caso con un jesuíta, director espiritual de la familia.

El jesuíta dió la fórmula. Matrimonio mixto. Los hijos se educarían en la religión de la madre.

Don Menahém aceptó encantado. Aquello no era una apostasía. "Yo sigo tan judío como antes. Y sin embargo me caso con una mujer que es como la misma Iglesia católica."

Y don Menahém se casó, poniendo el epílogo completo a la larga historia erótica de Amparito Calderón. Ahora sufre su pasión bajo el poder de la madre y la hija. ¡Pero Amparito es tan hermosa, tan elegante! Y cuando alguien le pregunta: "¿Usted es judío, verdad?", don Menahém contesta engallándose: "Sí, pero mi mujer, ¿sabe?, es católica..."

LA SANGRE DE ISRAEL

MIENTRAS estuvo en Sefard mi amigo el sabio filólogo hebreo D. Nissim Ascalón, íbamos todos los días a ese lugar último de la ciudad donde está la Feria de Libros, en que los libros viejos se pudren al sol cual muertos que esperan el día de la resurrección del Verbo.

Mi amigo era un buscador incansable de gramáticas exóticas y gustaba de hundir sus manos doctas en aquellos osarios lamentables, en espera del hallazgo maravilloso de un infolio que hubiese venido quién sabe de dónde para que lo encontrase él, que también era un extranjero, en esta tierra de Sefard.

A D. Nissim le interesaban sólo las gramáticas y los lexicones. Aquel espíritu sapiente desdeñaba toda la literatura amena de los novelistas y todo el lirismo de los poetas y en una gramática calmuca o azteca encontraba toda la emoción que otros buscan en un libro de aventuras o en un poema heroico.

—En primer lugar —me explicaba—, una gramática es un viaje por una tierra exótica. Se oye hablar a una gente desconocida, se aprenden cosas extraordinarias, de esas que nos encantan en los libros de los viajeros audaces. Todas las costumbres de un país, toda su psicología se refleja en su gramática que, además, como solfeo de esa música más o menos rudimentaria que es todo idioma, resulta una cosa enteramente lírica.

"Finalmente, toda gramática es un drama. El drama del Verbo pugnando por expresarse. Todo un drama, dividido en varios actos, actuado por personajes que se llaman las partes de la oración. Si usted sigue atentamente el proceso, verá cómo esos personajes forman un coro, una corte en torno al Verbo e intervienen como azafatas, chambelanes o soldados a los fines de servir a ese monarca supremo. Sobre todo es interesante esa tropa de conjunciones, adversativas, afirmativas, condicionales que tan solícitas acuden cuando es necesario, para precisar de un modo exacto la voluntad del Verbo y fijar el alcance de sus gracias a suplicantes hipotéticos.

"Y no digamos nada de los adverbios, que marcan el modo, y de aquellos otros que determinan el tiempo —el tiempo, lo más dramático— y señalan inapelablemente cuándo se ha de ejecutar un suceso: la boda de una princesa o la ejecución de un condenado.

"Le aseguro a usted —terminaba D. Nissim— que no hay nada tan interesante como una gramática y si usted llega a apreciar bien este género de literatura, ya no querrá leer ninguna otra clase de libros."

—Puede que tenga usted razón —asentía yo, sonriendo—. Por lo menos, esos inventores de gramáticas internacionales, como su correligionario de usted, el Dr. Zamenhof, me han parecido siempre unos grandes poetas que aplicaban a la filología un genio lírico indudable, a más de ese amor que no debe faltar al buen poeta.

Y todos los días, como quien cumple una tarea piadosa de rescatar esclavos, bajábamos a la Feria de Libros, donde ya era conocido el sefardí, a buscar viejos amigos perdidos entre aquellos montones polvorientos.

A D. Nissim y a mí también nos era grato detenernos en aquellas barracas de madera, de cuyos techos pendían ramas verdes de acacia para espantar a las moscas y que con su aspecto de tiendas de campaña y sus anaqueles, llenos de venerables pergaminos, halagaban nuestra nostalgia nómada y nos hacían pensar vagamente en una Pascua en el desierto durante el Éxodo, quizá por la sugestión del cordero en el pergamino contenida.

¿Habéis observado que todos los libros en pergamino parecen biblias, y no obstante su vetustez, semejan nuevos, cual si tuviesen la edad infantil del cordero con cuya piel se envuelven, al ser sacrificado?

En estas divagaciones poéticas me entretenía yo, mientras D. Nissim, incansable, hacía su rebusca de gramáticas exóticas, con un grave silencio, sólo interrumpido por exclamaciones de alborozo o desencanto, que lanzaba en el curso de sus pesquisas. Parecía un explorador que avanza por tierra incógnita y que tropieza ya con una flor maravillosa, ya con un reptil, o no encuentra el lugar en que debía, según sus cálculos, radicar un tesoro.

Aquel día era poco afortunado y se le oía exclamar a cada instante:

—¡Nada! Hoy no hay nada. Cosas vulgares. Podía repetirse la frase de nuestro rey Schelomó: *"Ein kol jadasch tajat ha Schemesch"*. Nuestro rey Schelomó que unas veces decía eso y otras encontraba la novedad espléndida de la Sulamita... Pero hoy tiene razón el Eclesiastés.

Estábamos en la tienda del viejo Angulo, el restaurador de libros viejos, el hombre que abarcaba toda la ciencia del libro, pues sabía encuadernarlo, lavarlo de su suciedad, suplir con otras iguales sus páginas perdidas, subsanar con cera los estragos de la carcoma y hasta darle la pátina que tuvo en su juventud. Era en verdad, el viejo Angulo, como un San Juan hospitalario del libro viejo.

Su tienda se distinguía de todas las demás por su tesoro de libros antiguos, charolados, gofreados, con unos títulos dorados en los tejuelos que relumbraban en la sombra con un brillo de tesoros quiméricos en el fondo de un hipogeo. Yo pensaba siempre en el tesoro de los Atridas y nunca llegué a enterarme bien de qué libros eran, pues sus áureos títulos me deslumbraban.

Y sentía un respeto enorme por aquel hombre que poseía tales libros y sin embargo permanecía todo el tiempo sentado en la puerta de su tienda, de espaldas a sus anaqueles, con una vieja colilla pendiente del labio, indiferente a los compradores, esperando no se sabía qué de aquel gran cielo de arrabal inmutable.

Aquel día, D. Nissim, desolado, requirió su ayuda, tocándolo en el hombro.

—Pero qué, señor Angulo, ¿no tiene usted hoy ningún incunable, ningún Ave Fénix, ninguna gramática árabe, persa, calmuca u hotentote? ¿No ha llegado hoy a su tienda ningún peregrino?

El viejo Angulo salió de su modorra contemplativa, sonrió, volvió a encender la colilla y por fin dijo:

—No, no sale nada. Pero en fin, voy a ver si tengo ahí algo que le interese.

Volvióse de espaldas a nosotros, misterioso, rebuscó en un apartado y sacó un infolio en pergamino, que mostró a D. Nissim abierto y solemne como un libro del Destino.

D. Nissim inclinóse a mirarlo y clamó jubiloso:

—¡Hombre! ¡Está bien! ¡Magnífico! Nada menos que una Gramática etiópica y además en latín. Jobi Ludolfi — *Gramaticae Aethiopicae*, con un *Lexicon Aethiopico*— La-

tinum— por el mismo sabio Profesor. ¡Admirable! No conozco el etíope y no sé cómo habrán resuelto allí ese drama del Verbo. Me quedo con ella y agradecido, amigo Angulo.

Rápido fué el trato que por unas monedas puso a D. Nissim en posesión legítima del preciado libro.

Y en seguida, con esa prisa del filólogo que ha encontrado un buen libro y en cuya alegría entra sin duda algo de un complejo de cleptómano, mi amigo y yo abandonamos la tienda de Angulo y por aquel día dimos por terminada la labor de escrutinio.

D. Nissim Ascalón iba contentísimo. Sentía impaciencia por entrar en un café, en algún sitio donde pudiese examinar tranquilamente su libro, sobarlo, acariciarlo, acunarlo sobre su pecho. Por lo pronto lo llevaba cogido avaramente entre sus brazos con ese desgaire patético con que un hombre suele coger a un niño.

Sentados en el rojo diván de un café próximo, el filólogo puso el libro sobre el mármol y procedió a hojearlo, ávidamente, en tanto la taza de café olvidada parecía humear en su honor.

La cara de D. Nissim expresaba un placer inefable.

—¡Interesantísimo! Claro que para saborear mejor la emoción de este libro, es preciso iniciarse en el alfabeto. Éste es uno de esos países en los cuales hay que empezar por vestirse el traje nacional. Pero no importa. El alfabeto se aprende pronto y entonces el encanto de lo exótico aumenta. ¡Ah! —exclamó luego—, después de todo, no es tan hermético. Mire usted: aquí al final trae un tema de traducción, con su paráfrasis arábiga. Gracias a Alá, conocemos al árabe y este amigo nos pondrá al habla con el etíope. Veremos lo que dice la versión árabe.

Bajó la voz y yo le oí runrunear como si leyera en un breviario:

—Un rásama Constantin el-malek inna la ieskun el ia-judi...

De pronto se detuvo. Alzó hacia mí sus ojos tristes y suspiró.

—¿Qué es eso? —inquirí—. ¿Tanto le emociona el drama del Verbo?

Pero él, con una seriedad trágica, me dijo:

—No se trata del drama del Verbo, sino del drama de Israel. Tan terrible, tan trágico es el destino de mí pueblo, que en todas partes, en toda tierra del globo, hasta en una gramática etiópica, nos sale al paso su dolor. ¿No ha oído usted esas frases que he recitado leyendo en el libro? Pues se trata de un fragmento histórico, en el que se cuenta cómo el emperador Constantino, al conquistar Jerusalén, decretó que no habitasen judíos en la ciudad, si antes no se convertían al cristianismo. Y para distinguir entre los conversos y los pertinaces, ordenó sacrificar muchos cerdos y mandó que el día de la Pascua, en la puerta del templo se apostasen soldados con trozos de la carne de puerco sacrificada y diese a gustar de ella a los que entrasen. Y si se resistían a gustarla, sería señal de que eran judíos y en el acto los degollarían. E hízose así, y fueron muchos los judíos que por esa causa perecieron aquel día... Y todo eso se hizo por consejo del Patriarca... Y fueron muchos los judíos que aquel día perecieron... ¿Se fija usted? Caían al pie del templo y su sangre formaba primero un charquito, luego un lago y últimamente un río... Un río rojo de sangre judaica inocente, de sangre mártir... Y esa sangre sigue corriendo todavía desde Jerusalén y vea usted, llega hasta esta Sefard en que estamos, al otro extremo del mundo, y no parará nunca de correr hasta el fin de los días. El mundo todo está rojo de la sangre de Israel. La sangre de Israel surge de los arenales, de las ruinas, de las casas nuevas; dondequiera que usted toque, esa sangre salta y le salpica. No ha habido nunca un dolor semejante. Todo canta ese dolor. Hasta una Gramática etiópica. ¡El drama del Verbo es el drama de Israel!

Y D. Nissim se cogió la cabeza con las manos y permaneció pensativo. El volcán de la taza de café se había apagado.

OTRA VEZ EL ÉXODO

EN aquel tiempo, el Dr. Florido, que había sido un gran amigo de Israel y ayudado a encender las luminarias de *Januca* en esta tierra de Sefard, donde por tantos siglos estuvieron extinguidas, vióse acometido de una crisis extraña de avarienta melancolía.

Después de haber desmentido tantas veces en libros y conferencias apologéticos la leyenda del oro judío, dió en pensar en ese oro nefasto y desdeñando la amistad de los sabios de Israel, al modo del Dr. Salomón, se volvió ávido del trato con los banqueros y los vendedores de perlas.

Pensaba que él, al que todos llamaban el nuevo Moisés, no había recogido como premio de su amor a la raza más que elogios sin valor cotizable y un sambenito moral de parte de sus hermanos cristianos.

Por culpa de los judíos había perdido el rectorado de la gloriosa universidad salmantina; por culpa de los judíos, no había llegado a ser ministro, en un país donde lo era cualquiera. Ni siquiera había vendido la edición de aquel infolio voluminoso que consagrara a ensalzar las virtudes de los sefardíes con un verbo elocuente e inagotable.

El Dr. Florido perdió el sueño, tenía crisis frecuentes de

llanto y cuando lo visitaba un sefardí, lo recibía con imprecaciones y reproches violentos.

Con quien más se ensañaba era con el sabio Dr. Salomón,
el personaje más eminente del mundo sefardí que él conocía y cuya venida a Madrid alegaba siempre como el triunfo
más grande de su campaña de reparación histórica. El doctor Salomón, el hombre que se tenía a sí mismo por el estan-
darte vivo de la raza y no hacía cosa alguna sin pensar antes
en el honor y la gloria de su raza; el colosal Dr. Salomón
que usaba unos chalecos color tórtola enloquecedores y decía
con admirable ingenuidad:

—No está bien en un sabio vestir como un *dandy*; pero
yo lo hago por quien represento. Porque yo soy la Ciencia
Judía.

Pues bien, cuando el Dr. Salomón iba a visitar a su colega,
el Dr. Florido, éste lloraba sobre él como sobre un muro.

—Estoy arruinado por culpa de los judíos. Ni siquiera han
agotado la edición de mi obra dedicada a enaltecerlos.

El Dr. Salomón lo escuchaba con infinita tristeza y trataba de consolarlo con el recuerdo de la hermosa campaña que
había realizado en pro de los dispersos.

—Una campaña histórica, que perpetuará su fama. Su
nombre glorioso vivirá siempre en Israel, unido a los más
ilustres de la estirpe. Ya se le llama a usted el nuevo Moisés.

Pero el Dr. Florido lo oía irónico y clamaba:

—Sí, sí; pero los católicos, que son los que aquí gobier-
nan, me creen vendido al oro judaico y huyen de mí. Y yo
digo ¿dónde está ese oro? ¿Es verdad que existe ese oro?
Pero si fuera así, yo debía ser rico, millonario con más razón
que nadie. Y estoy en la miseria.

El Dr. Salomón sonreía paciente y le decía con su lenguaje talmúdico:

—Israel no vale por su oro, sino por su ciencia y sus virtudes. ¿A qué pensar en los banqueros cuando se tiene como usted, la estimación de los sabios?

(No olvidemos que la Ciencia Judía estaba vinculada toda ella en el sapientísimo doctor Salomón).

Pero el doctor Florido no se daba por satisfecho con esa estimación e insistía:

—Ni siquiera han agotado la edición de mi obra. ¡Todavía tengo llenos los sótanos de ejemplares!

Para consolar un poco al nuevo Moisés, el doctor Salomón se impuso el deber de ir colocando ejemplares del nuevo Pentateuco entre sus amigos israelitas. Por aquella época se hizo temible en las reuniones a que lo invitaban, pues ya se sabía que como final de fiesta saldría repartiendo —por su precio, claro está— ejemplares de la famosa y pesada obra, con el mismo celo con que un pastor protestante trata de colocar biblias. Y los compradores comprometidos por él, volvían a su casa, despojados y desfallecientes bajo la carga del pesado infolio.

—¡Una carga de amor! —decía el doctor Salomón melifluo. Pero ya se sabe que no hay nada tan pesado como el amor.

El doctor Salomón pacientemente desocupóle así medio sótano al doctor Florido y puso en su mano bastantes monedas de buena y sonora plata. Pero aquellas colectas parecíanle mezquinas al doctor Florido, que las recibía como un soborno miserable. Él soñaba con el oro de Israel y pensaba encontrarlo mediante la amistad de los banqueros y los vendedores de perlas, de los hombres que atesoran ese oro quimérico y por cuya culpa sufren los judíos pobres.

Y dando de lado a la Ciencia, representada por el doctor Salomón, dirigióse al hombre que encarnaba la mundanidad sefardí, al noble y servicial caballero don Isaac Farsi, que conocía a todos los financieros y joyeros israelitas que habían venido a establecerse en Sefard, huyendo de la Europa en guerra. Especuladores hábiles y osados, levantinos hiperbólicos que hablaban de planes colosales en favor de la humanidad sin distinción de razas, de empresas gigantescas, mercantiles y filantrópicas.

El señor Farsi se los atraía con el reclamo del influjo político del doctor Florido: un hombre que tiene entrada en Palacio y habla con los reyes, un "miserable", que sólo necesita un poco de apoyo por parte de los millones de judíos para restaurar en España la antigua Sión sefardí.

El doctor Salomón veía con pena aquella invasión de gentes equívocas.

—Se ha entregado usted —decíale al doctor Florido— a los hombres de la tierra, que son los mismos en Israel y en la Cristiandad. Hombres sin fe y sin ideales. Adoradores del Becerro de Oro. Los Hombres del Libro vamos a tener que abandonarlo.

Pero el Dr. Florido no se inquietaba por el anunciado abandono de la Ciencia y se encogía de hombros.

El Dr. Salomón insistía:

—No está bien que los cristianos lo vean a usted rodeado de hombres como ésos, sobre los cuales arroja usted una luz demasiado viva. Hace siglos que sus hermanos de Sefard no ven un hebreo y si ahora usted les muestra esos ruines ejemplares de la raza, pensarán que Israel no tiene sabios ni hombres idealistas, sino tan sólo mercaderes.

Pero el Dr. Florido persistía en rodearse de aquella corte pintoresca y apócrifa con la que el sabio sefardí tenía escrúpulo de rozarse. El Dr. Salomón tenía a veces que esperar en la antesala para ser recibido porque el nuevo Moisés estaba conferenciando con sus mercaderes y vendedores de perlas que le trataban como a un rey de Israel y le prometían una corona de millones, a cambio de ciertas gestiones políticas.

—Son capaces de hacerle creer en la fórmula de una nueva alquimia —pensaba el Dr. Salomón—; ¡cómo el demonio de la avaricia ha tentado a este hombre que nunca pensó en el oro hebreo! Y lo peor es que lo van a enredar en algún *affaire*...

Y advertía a su amigo:

—Desconfíe usted de esos especuladores. Ni siquiera son financieros solventes sino levantinos ilusionistas, de imaginación volcánica, locos peligrosos.

Por su parte, los nuevos amigos del Dr. Florido murmuraban del Dr. Salomón, hombre pedante y fatuo, que ni siquiera pronunciaba el hebreo como los sefardíes y que seguramente era asquenazí. Todo el mundo sabía que había vivido siempre en Alemania; y tenía todo el aire de un Herr Doktor germánico, que eructa a *choucroutte* y se viste de un modo lamentable. Sus chalecos color tórtola convencían a cualquiera de la verdad de esa tesis germánica.

La casa del Dr. Florido se había llenado de una animación inusitada con esas discusiones. Hervía como un pretorio antiguo. Y el Dr. Florido sonreía en medio de aquellos clamores adulatorios como un tetrarca estirado y magnífico. Y siempre los millones dejaban oír su música wagneriana de poder y de imperio.

Para acabar de conquistar al Dr. Florido, el grupo de banqueros y vendedores de perlas organizó en su honor un banquete de homenaje por su campaña en pro de sus hermanos y a él llevaron aún a otros correligionarios suyos, en compañía de sus esposas más o menos auténticas, pues según la versión salomónica, eran *cocottes* elegantes reclutadas para el caso en los cabarets de moda.

Encargóse de hacer las presentaciones de los comensales

nuestro noble amigo el Sr. Farsi, que a continuación del nombre respectivo añadía una cifra rotunda:

—El Sr. Camondo... (y por lo bajo) veinte millones...

—El Sr. Pereira... diez millones...

Y así sucesivamente.

El Dr. Florido exultaba. Al fin estaba en contacto con los millones de Israel.

Luego, al final del banquete, después del discurso que pronunció el anfitrión con aquella elocuencia suya tan ardiente de frase como fría de expresión, aquellas bellas y elegantes mujeres, vestidas con un gusto exótico que deslumbraba y desconcertaba su sentido estético, se levantaron de sus asientos y una por una desfilaron por delante del Dr. Florido plantándole la rosa de un beso en su calva frente, que jamás había recibido tantos besos juntos y diversos. Aquélla fué ya la apoteosis y el nuevo Moisés estuvo a punto de desmayarse. Puede que de ahí arrancase el principio de aquella locura erótica que abrevió sus días. Porque desde entonces, el buen doctor se consagró por entero al apostolado del amor universal, aunque lo practicaba preferentemente con las señoras, y hacía visitas intempestivas a sus amigas, sorprendiéndolas con su efusividad y hasta asustándolas con aquellos fogosos arrebatos tan inesperados en un hombre que siempre había sido la misma frialdad. El Dr. Florido caía en pleno salón de pronto y empezaba a perorar de pronto acerca del amor y luego procedía a repartir ósculos a diestro y siniestro, en las manos, en los cabellos, en las ropas. Gracias que en seguida se sofocaba, pedía un vaso de agua y se retiraba, dejando la impresión de un meteoro. Estas extravagancias eróticas del doctor perjudicaron no poco a su reputación en los últimos tiempos y fueron causa de horribles inquietudes para su madura esposa; pues el misionero del amor había insinuado su propósito de divorciarse de ella, para entregarse más de lleno a su amoroso apostolado.

Pero esta euforia erótica tuvo por lo menos el efecto beneficioso de apartar al doctor de su avarienta hipocondría. Ahora era un hombre demasiado alegre, que aspiraba no a recibir, sino a dar, a repartir pródigamente aquella riqueza fabulosa de besos que un día lloviera sobre su frente. Ahora abría sus brazos a toda la humanidad y entre ella incluía también a su colega, el doctor Salomón, con el que se mostraba condescendiente y afable. La Ciencia tenía también su importancia, aunque no le llegase ni con mucho al Amor. Además, ahora era muy difícil discutir con el doctor Florido, porque el nuevo Moisés no dejaba hablar a nadie. Acaparaba todos los turnos con sus soflamas sobre el amor. Y con aquella expresión fría e inmutable de su rostro, se estaba una hora y más echando llamas de amor por la boca, dando la impresión de un hombre que ardiese con los pies metidos en hielo. —¡Desengáñese usted, amigo Salomón, que el amor es el alma del mundo! —decía—. ¡Debemos amarlo todo, amar siempre, hasta exhalar el último suspiro en una llamarada de amor! — Y sus ojos seguían tan fríos e impasibles como siempre.

Para demostrarle al doctor Salomón que en su concepción amorosa había también lugar para la Ciencia, el doctor Florido lo abrumaba a espaldarazos y atenciones y hasta lo invitaba a su mesa, cual en los buenos tiempos. El doctor Salomón rehusaba siempre, pues si el doctor Florido se había reconciliado con la Ciencia, él no se había reconciliado con los mercaderes y los traficantes en perlas. Pero una vez no le fué ya posible excusarse. Era el cumpleaños de su amigo. Y para obviar toda dificultad, aquél le propuso: Sería una cena íntima. Los dos solos con su esposa. A los financieros los invitaría a la comida de la tarde. —Para que vea usted, amigo Salomón, cuánto se le quiere aquí y se le ha querido siempre.

El doctor Salomón rindióse a tanta delicadeza. Estaba además en vísperas de abandonar Sefard, donde los mercaderes y petardistas de Israel habían copado todo el campo de acción, no dejando lugar para la Ciencia. Pensaba dar por terminada su experiencia sefardí, consagrarse por completo a la Ciencia, dar conferencias y lecturas en las Universidades de Europa y América. Ante su actividad abríasele amplia y fructífera sobre todo Inglaterra, que ahora había asumido el mandato de Palestina y prometía crear en ella, si no una nación, cuando menos un hogar para los hebreos.

—Será la nuestra una cena de despedida —díjole al doctor Florido. Y le expuso sus designios de marcha. El doctor Florido hizo gestos de asombro, de consternación, todo ello sin que se le inmutara el semblante, y finalmente mostró resignarse a lo inevitable. En su fondo pensaba: Si se va la Ciencia, quedaré yo solo y reinaré sin trabas en el Sión de Sefard.

—Bueno, pues será nuestro ágape de fraternidad, un ágape memorable, sin duda.

Para que así fuera, en efecto, el doctor Florido extremó las exquisiteces del arte culinario. En la mesa no faltaban las flores. Su señora, asaz madura ya, pero pomposa como una rica hembra castellana, mostraba un descote que parecía un trozo de plafón. El doctor Florido estaba radiante. Aún le duraba la euforia de su comida de la tarde con los banqueros. Se desvivía obsequiando al doctor Salomón con bocaditos selectos y llenándole el jarro de cerveza.

—Dentro de muy poco —decía—, por lejos que esté usted, ha de oír grandes cosas. Vamos a repatriar en masa a todos los sefardíes de Oriente. Contamos ya con un comité de banqueros que financian la empresa. Será una cosa magnífica, incomparable, inaudita. Será algo así como el reverso del Éxodo. Y yo iré para ponerme al frente de los exilados que vuelven y así entraré en Sefard, presidiendo ese ejército de millones de hombres. ¿Qué le parece a usted?

Veía ya el imponente cortejo atravesando bajo su égida, a pie enjuto el Mediterráneo como en otro tiempo había cruzado el pueblo israelita el Mar Rojo, conducido por Moisés.

El doctor Salomón lo escuchó sonriendo durante dos platos. La cocina de su colega era excelente. Luego, quiso hablar, pero le sobornó la cerveza dorada y fría. Después fué un eructo el que le cortó la palabra. Pero al fin, aprovechando la mediocridad de un plato que favorecía la elocuencia, objetó tímidamente:

—Ese proyecto me parece admirable, pero utópico. Turquía y Grecia no van a dejar salir a sus judíos, que representan la riqueza y la cultura. Y además, para una empresa semejante, se requeriría el apoyo del Estado español.

—Lo tendremos —saltó el doctor Florido—. Lo tendremos. Ya he hablado con los Reyes. La reina madre, que es austríaca, tiene el prejuicio antisemita. Pero la reina joven, que es inglesa, y según parece, lleva sangre judía en sus venas, nos ha escuchado con mucho interés. El señor Camondo le ha regalado unas perlas; y si no le gustan los judíos, las perlas la enloquecen. El señor Camondo, que es un millonario y un filántropo, se ha puesto ya al habla, por mi mediación, con el ministro de Estado. Al rey se le obsequiará con una nueva marca de automóviles. Haremos algo grande, nunca visto, ya lo verá usted.

El doctor Salomón lo había oído paciente, cerrando los ojos, para colocarse mejor en un plano de renuncia, que no hay actitud más búdica que la del ciego. Pero las últimas palabras de su anfitrión hicieron que los abriese, alarmado:

—Tenga usted cuidado con sus banqueros —advirtió—. Se está usted rodeando de la escoria de Israel. Y desprecia el oro verdadero.

Con iracundia extraña, el doctor Florido se incorporó y descargó sus puños sobre la mesa. Los ojos le brillaban con un fuego frío. Se le aguzaba la barbilla canosa.

—Goza usted en atormentarme —exclamó—. Me maleficia todos mis proyectos. Diríase que se duele usted del bien de sus hermanos... —Y de pronto, mirándole con sus ojillos azules, insinuó: —¿Será verdad que es usted asquenazí?

El doctor Salomón procuró dominarse. Los hombros se le hicieron más anchos. La cara se le agrandó. Sus mejillas acentuaron su color rojo, de idumeo.

—No se exalte usted, amigo mío —dijo con mucha calma—. Trato únicamente de evitar que confunda los valores. Defiendo el honor de Israel y también el suyo. No quiero que se deje usted seducir por esos hombres que un judío como yo procura mantener a distancia. Usted no debe servir de reclamo a vendedores de perlas y exponerse a verse envuelto en un *affaire*...

El doctor Florido protestó:

—Pues esos vendedores de perlas, como usted los llama, han hecho más por la causa sefardí que usted con toda su ciencia. Me han limpiado de libros los sótanos. Me han dado un banquete, homenaje que ha tenido repercusión mundial. Y ahora, están organizando ese magno proyecto que tendrá categoría de suceso histórico. ¿Qué tiene usted que decir a esto?

El doctor Salomón, entre dos eructos, con los ojos en blanco para no herir a nadie, dijo suavemente:

—Todo eso, querido amigo, es *bluff*.

Pero al llegar ahí, ya el doctor Florido no pudo contenerse. ¡*Bluff* el famoso banquete, *bluff* los millones de los comensales, *bluff* finalmente aquellos besos fragantes, exquisitos, innumerables de las bellas y nobles damas israelitas!

—¿Tendrá usted el valor de llamar *bluff* a unos besos tan puros, tan ingenuos, tan salidos del corazón y tan inocentes como aquéllos? Porque no me besan a mí —añadió, mirando a la esposa— sino a España, al apóstol, al nuevo Moisés... Pero ¿no será que me tiene usted envidia y por eso habla así? Ya habría usted dado algo porque lo hubiesen besado aquellas bocas frescas, juveniles, jugosas...

El doctor Florido se aturrullaba, no atinaba con nuevos epítetos. Se había puesto rojo, apoplético. Golpeaba con los puños en la mesa. Se sofocaba. La esposa alarmada, acorrióle. Se levantó, llenóle un vaso de agua, quitóle la servilleta del cuello. Con su voz meliflua, de mujer madura y pingüe, le rogaba:

—Cálmate por Dios, Alberto. ¡No te acalores tanto por estas nimiedades!

Pero luego, exaltada ella misma al ver que no se le pasaba el sofoco al consorte, empezó a gritar y a llamar a los criados. Y en medio de su agitación, dejó escapar estas palabras inverosímiles:

—Malditos los judíos. ¡Qué bien hicieron los reyes católicos al expulsarlos de España!

Y el nuevo Moisés, el gran amigo de los desterrados, asintió:

—¡Tienes razón! ¡Tienes razón! ¡No dan más que disgustos!

Digno y automático, al oír tales palabras, el doctor Salomón se alzó de la mesa, apartó su plato, despojóse de la servilleta como de una prenda litúrgica ya inútil y con voz opaca, pero firme, dijo:

—Después de lo que acabo de oír, ya comprenderán ustedes que no puedo permanecer ni un momento más en esta casa. Ustedes vuelven a expulsarme de nuevo como Torquemada expulsó a mis ascendientes. ¡Buenas noches!

Y haciendo una reverencia, salióse del comedor y dirigióse con lento andar hacia el recibimiento. Esperaba que alguien hiciera algo por detenerle, por desagraviarle. Pero no fué así. Sólo acudió un criado para abrirle la puerta. Y el doctor Salomón, luego que se hubo puesto el sombrero y el gabán, lanzóse por aquella puerta camino del destierro sin fin. Aquella noche sería memorable en sus fastos como la del 9 de *Ab* de 1492.

UN ENTIERRO EN SEFARD

En la semana que llaman de Pasión los cristianos, en vísperas de la Crucifixión del Rabí, fué a unirse con su pueblo, según la frase milenaria y ritual, el noble caballero sefardí don Isaac Farsi y Benatar (el hijo del perfumista) que, habiendo peregrinado en su juventud por casi todo el amplio mundo de la diáspora, había venido luego a afincarse definitivamente en Madrid, la Magerit de las antiguas crónicas, al modo de sus próceres abuelos.

Cuando entre la pequeña comunidad de Madrid se difundió la noticia de que don Isaac, el amigo del doctor Florido, el hombre que en unión del doctor Salomón y el doctor Nordseé encendiera triunfalmente las luminarias de *Januca* en una sinagoga española, después de los siglos de persecución en que brillaran temerosas y clandestinas, había recibido la visita del terrible Azrael, acudieron condolidos en torno a su lecho, para asistirle y confortarle en el trance.

Mujeres piadosas rodearon a la que ya lloraba su viudez —la noble dama asquenazí doña Ruth Baumberg—, mientras los hombres recitaban preces a la cabecera del moribundo. La casa toda se llenó de un quedo murmullo de imploraciones y quejumbres masculladas en un hebreo lamentoso y doliente, salteado de exclamaciones internacionales.

Estaba allí en miniatura todo el mundo del Éxodo; rostros rubios de rusos o alemanes, caras morenas de italianos o turcos, mezclando su calma apática o su efusividad ardiente, su gesto reposado o su manotear violento y sus distintas maneras, áspera o suave, de pronunciar la lengua santa; pero judíos todos ellos, hermanos ante el Tabernáculo del Libro y ante el dolor de un hermano.

El día antes de realizar su último éxodo aquella alma andariega, don Isaac, que jamás ocultara su nombre de judío, ostentándolo con el mismo orgullo que su pasaporte británico, llamó a su amigo fiel Abraham Goldberg y le rogó en estos términos: —Por el Dios de Israel te suplico que como israelita que fuí siempre, de los declarados, no de los encubiertos y vergonzantes, me enterréis con arreglo al rito, no en el cementerio británico, adonde van los súbditos ingleses, sino en nuestro pequeño cementerio hebraico; en ese cementerio familiar, donde el año pasado, casi por este mismo tiempo, enterramos a Melamed, el *shofar* del Oratorio y donde duermen esperando la trompeta del ángel nuestros buenos amigos Güitta, el marroquí, y Bensaud, el turco. Allí estaré mejor que no entre esos orgullosos ciudadanos ingleses, que nunca fueron, en vida, mis amigos. Pero antes que me dejéis allí, en la Casa de los vivos, habéis de lavar mi cuerpo y de cruzarme las manos de forma que marquen el *schin* inicial de la Profesión de fe y de envolverme en el sudario blanco, que es la señal del luto en Israel. Porque quiero presentarme ante Adonay de modo que me reconozca al punto por uno de sus muertos.

Abraham Goldberg, deseoso de evitarle fatiga, apresuróse a asegurarle:

—Descuida, amigo Isaac, que así lo haremos si Dios es servido de llevarte con Él.

...Y en cumplimiento de su promesa, luego que don Isaac Farsi hubo exhalado el alma, proclamando que el Señor es el Dios de Israel y Adonay es único, su fiel amigo Abraham Goldberg, que a fuer de asquenazí era servicial y humildoso, procedió a cubrir con un paño negro el espejo que había en la habitación y vertió hacia afuera el agua que quedaba en el jarro, y en la que acaso Azrael habría enjugado su espada, y por fin, encasquetándose el sombrero flexible, en simulacro de cubrirse con la túnica de sus padres, púsose a recitar las preces rituales en el libro que a prevención llevara.

Después, ayudado por sus compañeros del Cahal lavó y afeitó el cadáver de don Isaac, le cruzó las manos en la forma prescripta y, por último, lo envolvió en un lienzo blanco, desde encima de la cabeza hasta los pies, tapándole el rostro, de suerte que no presentara esa mueca grotesca c triste de los cadáveres cristianos; y parecía así envuelto, tendido sobre un tapiz, en el suelo, a la luz de tres blandones de llamas amarillas, semejantes a tres palmas doradas, un fardo sagrado consignado a Adonay y por el cual hubieran de venir ángeles.

Así lo encontró a la mañana siguiente Rafael Benaser, el descendiente de conversos, cuando, avisado por Abraham Goldberg, acudió a la casa de su amigo el caballero sefardí, que en los tiempos de su juventud le ayudara a descubrir el misterio de su estirpe y tantos finales de sábado lo llevara a compartir con él la festiva cena, rematada por la torta germánica elaborada por los pulcros dedos de la esposa asquenazí.

En los últimos tiempos no había Benaser frecuentado a su amigo. El señor Farsi se había distanciado de él a causa de su amistad con el doctor Salomón, el sabio germanizado que había promovido un cisma en la comunidad madrileña y que como un pequeño Jehová científico, sólo quería afectos exclusivos. Benaser, en el espacio de unos años, sólo había visto a don Isaac dos o tres veces, en que el noble caballero, más atormentado que de costumbre por la neurosis de la raza, cruzara el Viaducto para ir a buscar un poco de sosiego en la casa tranquila y en el afecto casi filial del poeta.

Benaser recordaba dos visitas casi seguidas en que su actitud de lacia exaltación llegó a inquietarle; recordaba sus ojos encendidos y tristes, las palmas de sus manos rojas como dos Idumeas, el tono lamentoso de su voz:

—El cristiano no querrá nunca al judío, por más que diga... Ahora, en Palestina azuza contra él a su hermano árabe... ¡Ya han empezado las versiones arábigas de los pogroms rusos, al pie del Muro santo! ... ¡Y esa Inglaterra hipócrita!

Luego le había visto también de lejos, por las calles, en la rara compañía de sacerdotes nazarenos, cual si buscase un amparo a la sombra de la Cruz o realizase alguna extraordinaria experiencia, imponiéndoles su judaísmo, inmunizado por un pasaporte británico, a aquellos inquisidores impotentes, y gozase así más el triunfo de poder hablar alto y proclamarse libremente judío en un país en el que sus abuelos habían vivido amordazados o de emplear aquellas expresiones ambiguas, tan de su gusto:

"Yo soy de la familia de Jesús... puesto que soy judío y desciendo de la tribu de David".

Ahora, en aquel bulto blanco, inmóvil, tendido en el suelo, como un fardo sagrado que hubieran de llevarse camelleros angélicos, Benaser no reconocía al amigo; era ya otro, no le pertenecía, ¡había pasado a ser propiedad de aquellos hombres de su raza, que lo habían colocado allí de esa forma, y lo velaban como en medio del desierto!

¿Era en verdad aquel bulto informe y vago, el noble señor don Isaac Farsi, el hombre mundano y decidor, comensal tantas veces de Lord Rosebery, que había conversado en los salones de Roma con prelados y cardenales y tratado de igual a igual como un príncipe del destierro a los potentados de la Cristiandad? ¿Era aquél sobre todo el paternal amigo que le había revelado los misterios de la misteriosa raza judía, que él estaba ávido de conocer, y abiértole el tesoro de los viejos libros venerables y sentádole a su mesa tantos sábados, haciéndole partícipe de las gracias del rito?

Ahora resultaba más extraño que un desconocido, bajo aquel sudario que lo cubría desde la cabeza hasta los pies. Ahora era un despojo de Israel y se le esquivaba como en otros tiempos, los días de fiesta o duelo solemne en la sinagoga. Ahora era un hijo de Israel, una reliquia santa, sellada ya para el último éxodo, mientras que él sólo era un descendiente de apóstatas y nada había de común entre él y aquel cadáver invisible que con sus dedos entrecruzados estaba recitando para la eternidad el *Schemá* de la fe en la sinagoga de la muerte.

Un momento, sin embargo, la imagen del amigo vivo surgió resucitada por la visión de la esposa que plañía, rodeada de mujeres, y de los lugares conocidos, y en una gran conmoción de recuerdos, Benaser sintió el impulso de arrojarse sobre aquel bulto blanco y rasgar el sudario bajo el que su amigo se asfixiaba. ¿Por qué no descubrirle el rostro y llorarle sobre las mejillas?

Se contuvo ante el grupo de hombres desconocidos que

con los sombreros encasquetados rodeaban en guarda, a un tiempo triste y fiera, aquel despojo de Israel que les pertenecía y que, de cuando en cuando, fijaban ojos inquisitivos en aquel único visitante que conservaba el sombrero en su mano, proclamándose extranjero.

Entonces Benaser titubeó. ¿Se cubriría? Hacerlo así, equivalía a una profesión de fe, era tanto como recitar el *Schemá*. Y él no era judío, como tampoco era católico, pese al bautismo que algún día le lloviera sobre aquella cabeza que conservaba destocada; él se había enjugado ya hasta la última gota de aquel bautismo impuesto, se había liberado de toda creencia y de todo vínculo de raza, y ahora lo advertía bien, con el orgullo y la melancolía consiguientes entre aquellos hombres fuertemente unidos por la adhesión a una fe que costaba el martirio y la muerte.

Pero de pronto, la vista de un hombre que vestía ropón negro y tenía también al aire la cabeza, le arrancó un movimiento instintivo y resuelto. Ante un sacerdote católico, toda solidaridad era ingrata. Una aversión oscura, irracional e irresistible, lo erigía en enemigo natural del hombre negro, acercándolo a las filas de Israel. Y Benaser se cubrió la cabeza y fué uno más entre los hombres de la sinagoga. Al instante reconoció su error, suscitado por las amistades eclesiásticas del difunto. El supuesto sacerdote católico era simplemente un empleado de la funeraria. Pero ya era tarde para rectificar. Y admirando la rara semejanza que le había engañado y que confirmaba el carácter fúnebre del clero católico, permaneció con el sombrero puesto, como un circunciso, incorporado a la larga serie de sus abuelos hebraicos. Y recordó las palabras que gustaba de pronunciar en tono enfático el noble amigo, que ahora ya tenía sellados los labios para siempre: "El catolicismo es una religión de muerte; el judaísmo es una religión de vida."

Paradójica recordación. En el instante en que se producía, habían empezado en la cámara mortuoria los responsos rituales y hasta Benasar llegaban los ecos más tristes que en su vida oyera.

Eran unas preces hebraicas, moduladas en un tono quedo y lastimero, de un desamparo infinito. Parecían los alaridos sofocados e inútiles de alguien que clamase su dolor por un muerto querido en medio de un desierto, donde nadie pudiera oírle. Los gritos de dolor del primer hombre que hubo de enterrar un cadáver. Las palabras hebraicas, llenas de la vehemencia de las aspiraciones, se desgranaban lentamente sobre el muerto, monótonas y cadenciosas con un ritmo de nana que arrulla a un niño y sólo se elevaba un momento para nombrar a Adonay en una mayúscula de sonido.

Benaser se asomó a la cámara mortuoria para ver al oficiante. Era un viejecito vulgar, pequeñito y flaco, embutido en un gabán oscuro, largo como un caftán; tenía un libro en las manos rojizas y su voz salía de unos labios finos bajo el bigote recortado. Bajo el sombrero, un hongo, sus ojos azules tenían una claridad de cielos lejanos y fríos. Y aquel viejecito, erguido como si se apoyase en un muro del ghetto de Varsovia o de Riga, con el gabán fácilmente conversible en unas hopalandas y el hongo en el gorro negro de los exilados, continuaba desgranando sus preces arcaicas, con un ritmo sordo de canto llano, con un ritmo sin pauta, aprendido de otros viejos ya muertos y que venía sin duda de Jerusalén, ese gran mar sagrado de donde salen todas las tradiciones judaicas.

—¡Baruj atá, Adonay, Elohenu...!

Benaser conocía aquellas preces que le había enseñado a modular el amigo difunto y se estremecía al oírlas, de una gran ternura que daba una lejanía desmesurada al recuerdo, cual si le hubieran sido enseñadas, de niño, en alguna judería de Oriente por un D. Isaac vestido de negro hábito y tocado con el negro gorro de los rabíes...

Las palabras fluían, se acumulaban como harapos en su desconsuelo, parecían desenvolver ante Adonay toda la miseria eterna de Israel; todo ese dolor amontonado durante siglos, clamado inútilmente ante todos los pueblos, que han hecho de Israel una raza encogida y amarga y del hebreo una lengua para lamentarse.

Ante los pretores, ante los cadíes, ante los jueces nazarenos, Israel multiplicó la queja por el martirio o el expolio, al través de los siglos; pero ahora la queja, disfrazada de acatamiento, era contra Adonay que se había llevado el alma de aquel muerto, herido por la espada de Azrael, su enviado. Y las lamentaciones eran quedas y temerosas. Eran interminables.

Algunos de los presentes consultaban a hurtadillas los relojes. Algunas manos hacían gestos de impaciencia. Hasta que, al fin, el oficiante calló. Un coro de amenes selló su silencio. Luego, mientras los más íntimos levantaban del suelo aquel cadáver que no debían tocar manos profanas, pues era un fardo sagrado consignado a Adonay, un ázimo de la Pascua de la Muerte, y se disponían a descenderlo por las escaleras de la casa, como si lo bajaran de una cruz, los demás fueron saliendo silenciosos de la cámara mortuoria.

Benaser los fué contando a medida que desfilaban ante él. Eran pocos: diez o doce. Los suficientes, sin embargo, para representar al pueblo hebreo, pues Benaser recordaba haber leído que diez fieles bastaban en las liturgias para substituir al Sanedrín de la antigua Ley. Así, pues, podía decirse que todo el pueblo de Israel estaba allí rodeando el cadáver del hijo del perfumista y dando eficacia con su número al responso.

El pueblo de Israel y Benaser, el descendiente de conversos, para completarlo del todo. De la raza nazarena, nadie. Benaser buscó en vano la oronda cara del Dr. Florido, el amigo venerado del muerto, el que había sido llamado nuevo Moisés por el genio hiperbólico de los sefardíes, que esperaban de él los sacase de las tierras del Éxodo y rasgase el Edicto de Expulsión de los Reyes Católicos. Aquel gran amigo de los sefardíes no acudía ahora al duelo por un sefardí y Benaser recordó de pronto el frío que siempre había sentido bajo sus brazos.

Benaser bajó. Afuera, en la clara mañana de primavera de Sefard, bajo un sol blanco y caliente, se organizaba el cortejo. Sin saber cómo, encontróse Benaser en el interior de un taxi de cuatro asientos, entre compañeros desconocidos, salvo un ruso, fabricante de impermeables, un tal señor Gold, que llevaba ya en Sefard muchos años, cautivo de su sol y de su vino de oro.

En los colmados donde se bebe vino andaluz, en aquellos tiempos de su obsesión hebraica, en que por todas partes buscaba huellas de los proscriptos, le habían mostrado a aquel hombre fino, de cara triste y hablar ceceante, diciéndole misteriosamente: "Ahí tiene usted un judío, el señor Gold. Su padre es rabí en Vilna... Pero él ya ha olvidado todo eso; en el vino de Montilla, como en un río de oro, se ha ahogado su memoria..."

Mas no era cierto, puesto que ahora estaba allí, cumpliendo su deber de enterrar a un hermano, según los ritos tradicionales.

Iba en uno de los asientos delanteros y Benaser veía su cuello resquebrajado, cuarteado, de cincuentón y de alcohólico y oía su voz cansada y discreta con que sin dejar de mirar a lo lejos —a la Rusia de su infancia, a su padre el rabí, a la muerte quizá— contestaba a las preguntas de un joven moreno, de ojos ardientes y cabellos de hoguera. Un judío de Marruecos, sin duda.

—Sí... estaba enfermo hacía tiempo, según parece. Nosotros nos enteramos tarde... había dejado de venir al templo...

—... antes iba con mucha frecuencia...

—... pero se enemistó con unos alemanes asquenazíes...

—... D. Isaac miraba con desprecio a los asquenazíes... Tenía el orgullo de su sefardismo...

—... siempre estaba discutiendo con ellos. Decía que pronunciaban el hebraico como perros. "Profanan el *laschón ha kodesch.*" Ellos le replicaban que, a pesar de todo, eran tan judíos como él... Una noche, don Isaac, que era muy nervioso, se enfadó seriamente y les dijo unas cosas muy duras... Luego se fué, jurando que no volvería más al templo, por no encontrarse con aquellos "boches"...

—... Y cumplió su palabra. A poco de eso, cayó enfermo para no levantarse. Y ahora, vea usted, casi únicamente alemanes acompañan su entierro.

—¡Qué ganas de quemarse la sangre! ¿No somos todos judíos?... ¿Por qué insultarnos unos a otros? ¿No nos insultan ya bastante los cristianos?

Y el ruso, amante del vino andaluz, hizo un gesto lacio y fatalista, de andaluz flamenco.

Pero ya habían llegado al camposanto. Apeáronse los viajeros. Seis individuos del cortejo conducían a la llamada "casa de los vivientes" el féretro de su nuevo huésped. ¡El cementerio hebraico! Un mísero cuadrado de terreno, un patinillo andaluz, cercenado del cementerio civil y concedido por gracia a los hebreos para que los muertos de Adonay pudieran reposar en él, sin confundirse con el pueblo de los que niegan todo Dios. Frente a aquel trozo de campo abandonado, recién habilitado y aún sin puerta, que cabía todo él en una mirada, extendíase enorme, inmensa como otra ciudad, la necrópolis católica, elevando al cielo sus incontables cúpulas bizantinas, diademadas de oro y rematadas por la Cruz, que también sirve de remate a las coronas.

¡Qué impresión tan pobre daba de Israel aquel cementerio exiguo, tendido a los pies de la necrópolis pomposa! Y Benaser pensó que aquel cementerio judío era también un ghetto y tuvo de pronto la visión de la lucha secular que el pueblo judío venía sosteniendo con la cruz y se explicó la tenacidad con que se aferraba a su fe desafiando todos los martirios.

Se trataba de un duelo que había empezado veinte siglos hacía, no con Jesús, sino con el poder romano; las águilas del Imperio se habían transformado en cruces y los Césares, disfrazados de pontífices de la Iglesia católica, seguían oprimiendo al pueblo rival y rebelde, acorralándolo en ghettos así en la vida como en la muerte.

Pero ese pueblo resistía hasta después de muerto y se unía estrechamente en la huesa. En aquel momento, Benaser oyó la voz plácida y cansada del ruso que le decía al marroquí:

—Don Isaac podía haber sido enterrado en el cementerio inglés; pero dejó dispuesto que se le enterrase aquí, con sus hermanos. Aquí enterramos también el año pasado a Melamed, el *schofar* que estaba tuberculoso y murió de una hemoptisis que tuvo el día de *Yom Kipur* soplando con el cuerno sagrado.

En aquel momento, hombros de amigos serviciales conducían ya el féretro, sin cruces ni galones, al borde de la sepultura abierta. Dejáronle allí un instante mientras los servidores del cementerio aprontaban unas cuerdas para descenderlo a la fosa. Era evidente que trataban de impedir que manos de *góyim* tocasen aquel cuerpo sagrado. Hubo un murmullo anhelante, una evocación apresurada de liturgias.

—En Marruecos —dijo el joven de los ojos ardientes y pelo de hoguera— se les entierra sin ataúd y se forma encima un cuévano con ramaje para que no los toque la tierra.

—Eso es lo mismo —declaró la voz plácida del ruso—. Son costumbres.

En aquel momento el señor Goldberg, solícito, con los ojos enrojecidos y el cuerpo doblado bajo el peso de una mala noche, pero sereno y diligente, con los ojos más azules que nunca, lleno de santo fervor, cual si hubiese velado en la noche de *Pésaj*, se acercó al grupo y dijo unas palabras.

Se oyó un murmullo aprobador.

—Sí, eso es. La cabeza a ese otro lado, mirando a Oriente... ¡A Yeruschalaim!

Acomodaron así el féretro, al filo de la fosa. Luego, suavemente, entre todos, lo fueron empujando hacia el fondo, con gesto de botar un esquife.

Se oyó el crujir de la tierra removida, cerrándose al caer como una ola sobre el féretro.

Allá arriba, en el azul nunca tan grande, piaron unos pájaros inocentes.

Y un viejecito, de barba blanca y de guedejas blancas bajo el sombrero, sacó un libro del bolsillo, lo abrió y empezó a salmodiar la música de sus signos hebraicos.

Y otra vez volvió Benaser a sentir la emoción inexpresable de aquel responso hebreo, lleno de aspiraciones ardientes y profundas, modulado en un medio tono que no llegaba a elevarse, ni aun allí, en pleno campo, cual si la voz que recitaba estuviese cohibida por un temor de inquisidores y celebrase secretamente el rito:

—¡*Baruj atá, Adonay, Elohenu...!*

¡Oh, la expresión penetrante de súplica de aquella voz que parecía clamar verdaderamente desde los profundos! ¡Y aquellas apoyaturas terribles sobre el nombre de Adonay, que la dibujaban en mayúscula sobre el aire! ¡Aquellos lloros desolados, en que las palabras caían a la tierra como mechones de pelo arrancados de la barba y las sienes! ¡Y aquellas imploraciones reiteradas! *¡Schalom, Schalom! ¡Yeruschalaim Yeruschalaim!*

¡Qué diferencia de aquellos responsos católicos, declamados en un latín que aún mascullado a prisa por los sacerdotes conservaba toda su claridad y proclamaba el triunfo de la luz!

—*¡Requiem aeternam dona eis, Domine! ¡Et lux perpetua luceat eis!*

Palabras luminosas que podían oírse y pronunciarse sin la impresión de nada fúnebre, delataban la fe en la vida de un pueblo dominador, imperial. Pero aquellas otras que salmodiaba el viejecito estaban henchidas de un duelo milenario, lloraban, se quejaban, cual por efecto de inmemorial costumbre; lloraban como todo el idioma hebraico. La voz quejumbrosa del viejecito vibraría ya siempre en todos los silencios de Benaser. Y Benaser pensó: "Lengua misteriosa, la hebrea, y lengua para el misterio; el latín es tan rotundo que ahuyenta toda emoción mística, como un ¡circulad, señores! de nuestros guardias."

Y de pronto, el viejecito cerró el libro y con gesto de ciego, en un español arcaico de ghetto oriental, clamó:

—Siñor, Dios mío, tú me habías dado un cuerpo que era tuyo y le habías infundido a ese cuerpo una alma que era tuya. Y ahora, Tú quitas esa alma de ese cuerpo y te la llevas con Ti. Pero Tú, Siñor, Dios mío, me has de tornar un día esa alma que ahora te llevas y la has de unir con ese cuerpo, en el día que vendrá. ¡Amén!

Hubo un coro de amenes.

Benaser tuvo un momento de profundo fervor. Acababa

de revelársele el sentido del rito. Aquellos israelitas habían traído ante Adonay el cadáver de aquel muerto suyo. "¡Tú lo mataste, Señor! ¡Cómo fué que pudiste matar a nuestro hermano, a tu siervo Isaac, el hijo del perfumista, que guardó siempre tu Ley e hizo subir hasta ti el aroma de sus buenas acciones!". Pero Adonay sonríe. "Ese muerto no es un muerto para siempre; no está muerto, sino sólo dormido. Separé su alma de su cuerpo para que reposara un tiempo en el seno de Abraham, el patriarca; pero un día —un día que vendrá— tornaré a unir esa alma con ese cuerpo y los llevaré a ambos a reposar finalmente en mi Jerusalén celestial, término de todas las peregrinaciones de mi pueblo. Y la paz será con él por toda una eternidad. ¡Amén!".

Aquel muerto era sólo un préstamo hecho a Adonay, por aquella raza práctica y mercantil. En tanto Benaser meditaba sobre este misterio, inmóvil sobre la tumba del amigo ya perdido para siempre, los demás se desbandaban, dando ya por terminada la ceremonia. Tenían prisa y pensaban en los taxímetros que no dejaban de marchar. Pero el viejo había empezado otro responso y los obligaba a permanecer. Clavado cual junto a un Muro de Lamentaciones, seguía salmodiando:

—¡Baruj atá, Adonay...!

Alguien dijo, impaciente:

—Ya está bien. El rito se ha cumplido. ¿Para qué más?

El señor Gold asintió:

—Es verdad. Este hombre oficia al modo antiguo... Prolonga las palabras y las canta. Es un *jasid*.

El joven marroquí protestó:

—Hoy ya se deben hacer las cosas más de prisa... ¿Para qué tantos rezos?

Mientras el hombre piadoso terminaba con sus rezos, el joven marroquí, guiado por el señor Gold, revisaba las tumbas. Eran tres solamente. (Ahora ya serían cuatro). Sobre sus lápidas, grandes letras, hebraicas, solemnes y fúnebres, destellaban al sol. Y parecían aquellas lápidas páginas arrancadas del Viejo Testamento. Lo único que queda de Israel.

—Ésta es la tumba de Melamed, el *schofar* —dijo el ruso—. Esta otra la del señor Güitta . . . Aquélla, junto a la de don Isaac, la de un joven asquenazí . . .

—Pocas son —observó el joven.

—Ya se irán llenando —dijo el ruso, melancólicamente—. ¡Somos tan pocos! Pero aquí vendremos todos . . . Pero, ea, ya terminó el viejecito. Volvamos al coche . . .

—¿Y el *kadisch*? —tornó a preguntar el joven—. ¿No le dicen *kadisch*?

—Se le dirá esta tarde en la sinagoga —explicó el señor Gold—. ¡El pobre! No ha dejado un hijo que le recite el *kadisch*—. Benaser recordó la lamentación de Heine:

¡Y no habrá nadie
que me diga un kadisch!

En la puerta del camposanto, el señor Goldberg despedía el duelo.

—Esta tarde en la sinagoga, a las siete. Se dirá *kadisch*.

Ya en el coche, uno de los ocupantes dijo al señor Gold:

—Todo se ha hecho muy bien, con arreglo al rito. Solamente esa *croce* . . .

Lo miraron los otros sin comprender . . . ¿Qué cruz?

—La del coche fúnebre . . . sí, arriba no llevaba; pero llevaba una *croce* pequeña en los cristales . . .

—Es verdad —dijo con su voz cansada el ruso—, habrá que arreglar eso . . . Se lo haremos presente a las autoridades . . .

—En último caso compramos nosotros mismos un coche...

—No, eso se arreglará —afirmó con su lacia tristeza el señor Gold—. Es un pequeño detalle ...

—¡No tan pequeño ... la *croce* ... !

Hubo un silencio largo por los anchos campos que atravesaban.

El ruso volvió a fijar su vista en el horizonte, a lo lejos. De pronto su voz cansada dijo:

—El año pasado, por este tiempo, aún vivían los dos. Celebraron la Pascua en la sinagoga.

Los dos eran don Isaac y Melamed, el *schofar*. ¡Y cuánta ternura había en su voz apática!

De fijo pensaba: "¿Cuándo me tocará a mí dejar el vaso de vino para ir a hacerles compañía?"

Debía de sentirse viejo y tosió.

Luego volvió a quedarse silencioso, mirando a la lejanía, siempre a la lejanía, donde parecía leer aquellos pensamientos tristes. Rayos de sol le acribillaban el cogote flaco y cuarteado.

El marroquí se volvió a Benaser:

—¿Y usted? ¿Es usted judío? No le vi a usted este *Kipur*.

Benaser tuvo una respuesta evasiva y confusa:

—No ... yo no ...

El marroquí bajó la voz al tono de la confidencia:

—Yo tampoco soy muy observante ... Éstas son vejeces ... Mire usted: yo estudio para maestro ...

Pero Benaser le dijo con una energía extraña:

—Pues hace usted mal, joven. Yo no voy a la sinagoga porque no tengo el honor de ser judío. Pero si lo fuera, guardaría la Ley. No se trata de fe, sino de raza. La cosa es muy seria. Asistimos a la lucha entre el pueblo judío y el Imperio Romano, disfrazado de Iglesia católica. Mientras no quitemos las cruces, última forma de águila, de sobre las conciencias, el pueblo de Israel no tendrá derecho a no ser creyente.

—Es verdad— asintió el marroquí, pensativo.

—Tiene razón —dijo el italiano, el de "la *croce*"—. Se nos ha querido aplastar, pero no lo consiguen. Jerusalén vuelve a ser nuestra. Ya cesaron los disturbios en Palestina y árabes y judíos se entienden como hermanos. El sionismo es hoy más fuerte que nunca. Pero debemos luchar hasta el fin, hasta el triunfo.

Las palabras del italiano resonaban augurales y festivas. Y Benaser pensó:

—Extraño pueblo éste. Dice palabras de vida al filo de la tumba. Muere y resucita como Jesús. Le presta a Dios sus muertos para recobrarlos luego con usura de vida eterna. Jerusalén es su palabra mágica, su imán y su guía. La gran promesa.

Y una vez más se sintió triste, al pensar que esa palabra había perdido ya todo sentido para él.

Se oyó la voz del ruso:

—Ahora iremos a saludar a la viuda para decirle que todo se ha hecho de acuerdo al rito. Y esta tarde a las siete en la sinagoga para decir *kadisch*.

Benaser no iría a la sinagoga, no pasaría nunca de los umbrales de Israel. Y como tampoco la Iglesia católica era ya para él más que un museo, pensó que entre aquellos hijos del pueblo errante, el verdadero errabundo era él, el descendiente de conversos que había perdido la clave de todos los caminos. Mejor —pensó, haciendo heroica su tristeza—. Mejor así, libre, desligado de todo, para poder vivir en simpatía con todo, para dilatar más ampliamente mi mundo de símbolos, para asistir a todos los duelos y dar mi amén a todos los responsos. Para pronunciar el *requiem* y el *schalom*.

Ahora, gracias a esa amplitud de simpatía, había podido

acompañar hasta la Jerusalén de la muerte al noble caballero sefardí, don Isaac Farsi, sin espantarse del rito como
el doctor Florido, espiritualmente empadronado en Roma.
Y en la Semana Santa de los nazarenos, ante la urna mortuoria de Cristo, pensaría con ternura en aquel muerto enterrado como él, según el viejo rito de la raza.

ÍNDICE

ESTE LIBRO SE TERMINÓ DE IM-
PRIMIR EL DÍA 27 DE MAYO DEL
AÑO MIL NOVECIENTOS CINCUEN-
TA, AÑO DEL LIBERTADOR
Gral. DON JOSÉ DE SAN MARTÍN,
EN LA IMPRENTA LÓPEZ, PERÚ 666,
BUENOS AIRES, REP. ARGENTINA.

Contracubierta (200 x 140 mm) de la edición original digitalizada al 100%.

← FINALIZA AQUÍ LA REPRODUCCIÓN FACSIMILAR

Lomo de la edición original digitalizada al 100%.